DU SACRÉ AU SAINT

OUVRAGES D'EMMANUEL LEVINAS

Quatre lectures talmudiques, 1968
Du sacré au saint. Cinq nouvelles lectures talmudiques, 1977
L'au-delà du verset, 1982
A l'heure des nations, 1988
Nouvelles lectures talmudiques, 1996

Chez d'autres éditeurs

La théorie de l'intuition dans la phénoménologie de Husserl (1930), Vrin, 1963
De l'existence à l'existant (1947), Vrin, 1973
Le temps et l'autre (1948), Fata Morgana, 1979
En découvrant l'existence avec Husserl et Heidegger, Vrin, 1949
Totalité et infini. – Essai sur l'extériorité, Nijhoff, La Haye, 1961
Difficile liberté. – Essais sur le judaïsme, Albin Michel, 1963. Éd. revue et augmentée, 1976
Humanisme de l'autre homme, Fata Morgana, 1973
Autrement qu'être, ou au-delà de l'essence, Nijhoff, La Haye, 1974
Noms propres, Fata Morgana, 1975
Sur Maurice Blanchot, Fata Morgana, 1975
De Dieu qui vient à l'idée, Vrin, 1982
De l'évasion (1935), Fata Morgana, 1982
Éthique et infini, Fayard, 1982
Transcendance et intelligibilité, Labor et Fides, Genève, 1984
Hors sujet, Fata Morgana, 1987
Entre nous. Essais sur le penser-à-l'autre, Grasset, 1991
La mort et le temps, L'herne, 1991 ; Livre de poche, 1992
Les imprévus de l'histoire, Fata Morgana, 1994
Liberté et commandement, Fata Morgana, 1994
L'intrigue de l'infini, Flammarion, 1994

COLLECTION "CRITIQUE"

EMMANUEL LEVINAS

DU SACRÉ AU SAINT

CINQ NOUVELLES LECTURES TALMUDIQUES

LES ÉDITIONS DE MINUIT

© 1977 by LES ÉDITIONS DE MINUIT
7, rue Bernard-Palissy, 75006 Paris
www.leseditionsdeminuit.fr

En application de la loi du 11 mars 1957, il est interdit de reproduire intégralement ou partiellement le présent ouvrage sans autorisation de l'éditeur ou du Centre français d'exploitation du droit de copie, 20, rue des Grands-Augustins, 75006 Paris.

ISBN 2-7073-0168-X

avant-propos

Les conférences réunies dans ce volume ont été prononcées, entre 1969 et 1975, au cours des Colloques des intellectuels juifs de langue française, organisées par la section française du Congrès juif mondial. On leur a laissé ici, sous leur forme écrite — comme à celles, plus anciennes, qui parurent sous le titre de Quatre lectures talmudiques *en 1968 — le rythme de leur version orale et quelques souvenirs des circonstances où elles avaient été dites.*

Cela sied, peut-être, à la présentation des passages du Talmud, qui est un enseignement oral. Celui-ci conserva, jusque dans sa mutation en traités, l'ouverture et le défi de la parole vivante. Ce qui ne se résume pas par le mot de dialogue dont on abuse aujourd'hui. Discours qui ne se rapproche d'aucun autre genre littéraire : le parler talmudique en représente probablement le modèle et en est le lieu propre ou privilégié. S'agit-il d'ailleurs de littérature dans ce propos qui se veut non-écriture ? Propos dont la hauteur s'accommode — ou use — d'une certaine nudité des mots, d'une certaine brièveté de la tournure, comme si elle était encore geste, et qui se complaît dans l'allusion. Il se méfie de la rhétorique qui, du fond de tout langage, lève ses prestiges ensorceleurs et ourdit déjà la trame d'un texte. Propos qui demeure ainsi absolument dégrisé à cause de son indifférence même au style, c'est-à-dire à l'écriture. Sobriété qui dépasse celle de bien des exégètes modernes qui, de plus, ne se doutent pas toujours du degré de cet état de veille. Aussi, dans aucune des cinq « lectures talmudiques » que nous publions, n'avons-nous pas effacé les quelques lignes liminaires qui risquent de passer pour une précaution oratoire où le conférencier avoue ou déclare son trac, alors que, de diverses manières, elles redisent son scrupule, son humilité et l'hommage qu'il rend à une intelligence et à une subtilité extrêmes.

Il existe certes des façons moins embarrassées d'approcher le Talmud. La manière traditionnelle, en tout cas, aurait moins besoin d'excuses. La fameuse « étude de la Thora » est, pour la piété juive, l'accomplissement d'une volonté divine qui vaudrait autant que l'obéissance à tous les autres commandements réunis. Elle a, en effet, conservé Israël à travers les âges. Elle est assurée de sa marche et de ses voies. Voies difficiles et embrouillées exigeant concentration, vigueur logique et dons d'invention. Très naturelle est aussi l'autre lecture, adoptée avec rigueur par des historiens et des philologues, qui voudraient s'appuyer sur la science — dans ce domaine, encore à ses débuts — et reconstituer l'héritage talmudique à partir de ses sources : ils s'attendent à des anachronismes et à des mouvements contradictoires qui se croiseraient dans ces pages vénérées par les autres qu'ils abordent sans ambages.

Mais ni l'assurance de la piété juive ni les « certitudes » de la « science du judaïsme », — Wissenschaft des Judentums — ne guident les « lectures talmudiques » qui sont proposées ici. Nous sommes moins impatients que les historiens et les philologues de dé-construire le paysage traditionnel du texte qui, pendant plus d'un millénaire, abritait l'âme du judaïsme dispersé et un. Malgré la variété de très anciennes époques où se constituaient le sol et le relief de ce paysage et où se dessinaient ses horizons, il fut, déjà invariable, investi par une spiritualité qui trouvait dans ses formes son expression, ses archétypes intellectuels et moraux et les reflets de sa lumière. La merveille d'une confluence et la puissance du courant qui en sort vaut la merveille d'une source unique qu'on conteste. Mais si, dans la fidélité au texte « vécu » et reçu, les diverses strates de cette sédimentation de l'histoire ne sont pas disjointes, on a été en y entrant moins appelé que l'étude traditionnelle vers les « décisions pratiques » découlant de la Loi et moins adonné — mais, peut-être, aussi, moins apte — à la virtuosité spéculative des grands maîtres dont l'art sublime constitue cependant, dans les « maisons d'études » — dans les yechivoth — *une très remarquable esthétique.*

Ce qui nous importe, c'est certes d'interroger ces textes — auxquels est lié, comme à un sol, la sagesse juive —, en fonction de nos problèmes d'hommes modernes. Mais cela ne signifie pas un droit immédiat à la sélection et un prétentieux départage du périmé et du permanent. Il faut au préalable tenir compte du caractère non rhétorique de ce dire talmudique et le lire sans négliger ses articulations, en apparences contingentes, où souvent se dissimule l'essentiel et où s'entend comme la respiration de son esprit. C'est à cette tâche préalable et à l'idée même d'une telle tâche que notre petit livre essaie de contribuer. L'étude traditionnelle ne thématise pas toujours les significations qui ainsi apparaissent, ou elle les prend pour des évidences qui « vont sans dire », emportée qu'elle est par la dialectique qui les déborde ; ou elle les dit dans un langage et dans un contexte qui ne sont pas toujours audibles à ceux qui restent dehors. Nous nous efforçons de parler autrement.

DU SACRÉ AU SAINT

Un mot enfin sur le fond. Il nous importait dans ces lectures de faire ressortir la catharsis ou la dé-mythisation du religieux qu'opère la sagesse juive, et cela contre l'interprétation des mythes — anciens et modernes — par recours à d'autres mythes, souvent plus obscurs et plus cruels, fussent-ils, plus répandus, et qui passent, de ce fait, pour profonds, sacrés ou universels. La Thora orale parle « en esprit et en vérité », même quand elle semble triturer des versets et des lettres de la Thora écrite. Elle en dégage le sens éthique comme l'ultime intelligibilité de l'humain et même du cosmique. C'est pourquoi nous avons intitulé le présent livre par des mots qui, à proprement parler, ne concernent que le thème traité dans la troisième lecture de la série : Du Sacré au Saint [1].

---

1. Pour la présentation générale du Talmud, nous renvoyons à l'introduction à nos *Quatre lectures talmudiques*, ainsi qu'au début de la cinquième des présentes « Lectures ».

I

TEXTE DU TRAITE *BABA METSIA*, 83 *a*-83 *b*.

Michna.

Celui qui engage des ouvriers et leur dit de commencer tôt et de finir tard ne saurait les y obliger, si commencer tôt et finir tard n'est pas conforme à la coutume de l'endroit.

Là où la coutume veut qu'on les nourrisse, il est obligé de les nourrir ; là où elle veut qu'on leur serve du dessert, il doit leur servir du dessert. Tout se conforme à la coutume de l'endroit.

Un jour, Rabbi Yohanan ben Mathia dit à son fils : « Va engage des ouvriers. » Celui-ci a inclus la nourriture parmi les conditions. Quand il revint, le père dit : « Mon fils, même si tu leur préparais un repas égal à celui que servait le roi Salomon, tu ne serais pas quitte envers eux, car ce sont les descendants d'Abraham, d'Isaac et de Jacob. Tant qu'ils n'ont pas commencé le travail, va et précise : vous ne pourrez prétendre qu'au pain et aux légumes secs. »

Rabban Shimon ben Gamliel dit : « Il n'avait pas à le dire, car, en toutes choses, on se règle d'après la coutume de l'endroit. »

GUEMARA.

Cela ne va-t-il pas de soi ? Pour le cas où il leur payait un salaire supérieur, on aurait pu croire qu'il pût leur dire : « Je vous ai consenti un salaire plus élevé, supposant que vous commenceriez de bonne heure et finiriez tard » ; dès lors, notre texte nous enseigne qu'ils peuvent lui répondre : « Tu as augmenté le salaire pour que notre travail soit plus soigné. »

Rech Laquich dit : L'ouvrier engagé, pour rentrer, prend sur son temps ; pour aller au travail, sur le temps de l'employeur ; car il est écrit (Ps. 104, 22-23) : « Le soleil commence à poindre, ils se retirent, et vont se blottir dans leurs tanières ; l'homme se rend à son labeur, accomplir sa besogne jusqu'au soir. » Mais ne devrait-on pas regarder la coutume ? Il s'agit d'une ville nouvelle. Ne devrait-on pas voir d'où ils viennent ? Il s'agit d'une population d'origines diverses. Et, si tu veux, on peut dire : C'est pour le cas où il leur a dit qu'il les engageait d'après la loi de la Thora.

Rav Zera enseignait (d'autres disent que ce fut Rav José) : il est écrit : « Tu amènes les ténèbres et c'est la nuit » : c'est ce monde-ci comparable à la nuit ; « la nuit où circulent tous les hôtes de la forêt » (Ps. 104, 20) ; ce sont les malfaiteurs dans ce monde, comparables aux brutes de la forêt. « Le soleil commence à poindre, ils se retirent et vont se blottir dans leurs tanières. » (Ps. 104, 22) : lorsque le soleil se lève pour les justes, les malfaiteurs se retirent dans l'enfer, « et vont se blottir dans leurs tanières » (il faut lire « dans leurs maisons », et il s'agit de justes : il n'existe pas de juste qui n'ait pas de demeure correspondant à sa dignité). « L'homme se rend à son labeur » : les justes vont recevoir leur récompense ; « accomplit son labeur jusqu'au soir » (Ps. 104, 23) : celui qui a su mener sa tâche jusqu'au soir.

Un jour, Rabbi Elazar ben Rabbi Shimon a rencontré un fonctionnaire chargé d'arrêter des voleurs. Il lui dit : Comment peux-tu avoir raison d'eux, n'égalent-ils pas les brutes ? Car il est dit : « En elle circulent tous les hôtes de la forêt ». D'après d'autres, il aurait interprété un autre verset (Ps. 10, 9) : « Comme le lion dans le fourré, il dresse de secrètes embûches. » Et si tu attrapais un juste et laissais partir un malfaiteur ? Le fonctionnaire répondit : Que puis-je y faire, c'est l'ordre du roi. Alors Rabbi Elazar reprit : « Viens, je vais t'apprendre comment procéder. Va autour de quatre heures (dix heures) à l'auberge ; si tu vois un buveur de vin qui tient une coupe dans la main et somnole, renseigne-toi. Si c'est un savant, c'est qu'il s'était levé tôt pour étudier ; si c'est un journalier, c'est qu'il est allé de bonne heure au travail ; si c'est un travailleur de nuit, il peut avoir fabriqué des aiguilles ; s'il n'est aucun de ceux-là, c'est un voleur et tu peux l'arrêter. » Quand cela fut connu chez le roi, ils dirent : « Le lecteur du message peut servir de messager. » Ils cherchèrent Rabbi Elazar et celui-ci arrêtait des voleurs. Dès lors, Rabbi Yehochoua bar Korha lui fit dire : « Vinaigre, fils de vin, pendant combien de temps encore livreras-tu à la mort le peuple de notre Dieu ? » Rabbi Elazar lui fit répondre : « J'éloigne les épines du vignoble. » L'autre répliqua : « Laisse venir le propriétaire du vignoble et qu'il éloigne lui-même les épines. »

Un jour, un blanchisseur le rencontra et l'appela « Vinaigre fils de vin ». Rabbi Elazar dit : « Insolent comme il est, c'est probablement un malfaiteur. » Il donna l'ordre de l'arrêter. Après s'être calmé, il alla le délivrer, mais cela ne fut plus possible. Alors, il dit à son sujet (Prov. 21, 23) : « Mettre un frein à sa bouche et à sa langue, c'est se préserver de bien des tourments. » Quand on le pendait, il pleurait près du gibet. Alors ils lui dirent : « Maître, calme-toi : en plein jour du Grand Pardon, lui et son fils eurent des relations coupables avec la fiancée d'un autre. » Il mit les mains sur son propre corps et dit : « Réjouissez-vous, mes entrailles, si ceux qui vous semblent douteux en sont là, où en sont ceux dont le cas ne fait aucun doute ? Je suis sûr que la vermine n'aura pas pouvoir sur vous. » Mais il n'en fut pas rassuré pour autant. Ils lui donnèrent un sommnifère, etc.

A Rabbi Yishmael ben Rabbi José arriva la même chose. Un jour, le prophète Elie le rencontra et lui dit : « Jusqu'à quand vas-tu livrer à la mort le peuple de notre Dieu ? » Il répondit : « Que puis-je faire, c'est l'ordre du Roi. » Elie lui dit : « Ton père s'est enfui en Asie, enfuis-toi en Lacédémone. »

JUDAISME ET REVOLUTION

Le texte.

Comme toujours en commençant ma leçon talmudique au Colloque des intellectuels, je redoute la présence dans la salle de personnes connaissant le Talmud mieux que moi — ce qui n'est pas difficile et ce qui me met en état de péché mortel où se trouve l'élève opinant devant son maître. Cette année, on peut redouter, en plus, les contestataires du judaïsme. Et comme, de toute évidence, ce ne sont pas les mêmes personnes, cela fait beaucoup de monde à redouter !

Je n'ai pas indiqué le titre de ma leçon. Peut-être celui du Colloque dans son ensemble conviendra-t-il le mieux à mon propos : *Judaïsme et révolution*. Le sens que j'entends donner à la conjonction reliant les deux noms du titre se dégagera au cours du commentaire. Commentaire ou interprétation ? Lecture du sens dans le texte ou du texte dans le sens ? Obéissance ou audace ? Sûreté en marche ou prise de risques ? En tout cas, ni paraphrase ni paradoxe ; ni philologie ni arbitraire.

Nous sommes devant un texte qu'on aurait tort de traiter de médiéval. Le Moyen Age a un commencement et une fin (395-1453). La Michna a été rédigée à la fin du IIe siècle de notre ère. Notre texte est donc de la fin de l'Antiquité, et la fin de l'Antiquité est une période vénérable. L'un des éminents philosophes de notre temps m'a assuré un jour que, jusqu'à la fin du IIe siècle de l'ère vulgaire, toutes choses ont été pensées. Restent les détails à mettre au point. La suite de mon texte — la Guemara — est plus tardive ; mais au début du Moyen Age, beaucoup de belles traditions de l'Antiquité demeuraient vivantes.

L'ouvrier qu'on engage.

Celui qui engage des ouvriers et leur dit de commencer tôt et de finir tard ne saurait les y obliger, si commencer tôt et finir tard n'est pas conforme à la coutume de l'endroit.

Là où la coutume veut qu'on les nourrisse, il est obligé de les nourrir ; là où elle veut qu'on leur serve du dessert, il doit leur servir du dessert. Tout se conforme à la coutume de l'endroit.

Il est évident que, dès le début, la Michna affirme les droits de l'*autre personne,* même si cette personne se trouve dans la situation inférieure et périlleuse pour sa liberté qu'est la situation de l'ouvrier qu'on engage. Situation périlleuse pour la liberté, car la personne court le risque de perdre sa liberté sans subir de violence ; elle agit encore volontairement, certes, puisqu'elle s'engage et se tient dans le commerce interpersonnel de l'échange ; mais le commerce est au bord de l'aliénation, la liberté tourne librement en non-liberté. Notre texte enseigne qu'on ne peut pas tout acheter et qu'on ne peut pas tout vendre. La liberté de la négociation a des limites qui s'imposent au nom même de la liberté. Peu importe que les limites formulées ici ne soient pas celles qu'exigerait le syndicalisme moderne. C'est le principe même des limites imposées à la liberté pour la plus grande gloire de la liberté qui compte. C'est l'esprit dans lequel ces limites sont fixées : elles concernent les conditions matérielles de la vie : le sommeil et la nourriture, sublime matérialisme ! La secrétaire qui avait dactylographié la traduction de la page que je commente ne s'y était pas trompée. « Mais c'est un texte syndicaliste ! », s'écria-t-elle. Un texte syndicaliste avant la lettre, certes. La nature des limites imposées est fixée par la coutume et évolue avec la coutume. Mais la coutume est déjà résistance à l'arbitraire et à la violence. Sa généralité est tribale et quelque peu enfantine, mais c'est une généralité, matrice de l'universalité et de la Loi. Sublime matérialisme, soucieux du dessert. La nourriture n'est pas le carburant nécessaire à la machine humaine, la nourriture est repas. Aucune éloquence humaniste ne vient abîmer ce texte qui défend réellement l'homme. Humanisme authentique, humanisme matérialiste. Les cœurs s'ouvrent très facilement à la classe ouvrière ; les porte-monnaie, plus difficilement. Ce qui s'ouvre le plus difficilement, ce sont les portes de nos propres maisons. Au mois de mai dernier, on accueillait les déshérités de préférence dans les universités.

Notre vieux texte affirme le droit de la personne, comme de nos jours l'affirme le marxisme, le marxisme humaniste [1], celui qui continue à dire que « l'homme est le bien suprême pour l'homme » et que, « pour que l'homme soit le bien suprême pour l'homme, il faut qu'il soit véritablement homme » et qui se demande : « Comment l'homme, ami de l'homme, a pu, dans des conditions déterminées, se faire ennemi de l'homme ? », et pour qui cette anomalie qu'on appelle aliénation s'explique par la structure de l'économie, laissée à son propre déterminisme. Notre Michna entend aussi imposer une limite à l'arbitraire de l'économie et à cette aliénation. Soulignons encore un détail de la situation où se place la Michna ici, caractéristique de l'humanisme juif : l'homme dont il convient de défendre les droits, c'est d'abord l'autre homme, ce n'est pas initialement moi. Ce n'est pas le concept « homme » qui est à la base de cet humanisme, c'est autrui.

Un droit infini.

Un jour, Rabbi Yohanan ben Mathia dit à son fils : Va, engage des ouvriers. Celui-ci a inclus la nourriture parmi les conditions. Quand il revint, le père dit : Mon fils, même si tu leur préparais un repas égal à celui que servait le roi Salomon, tu ne serais pas quitte envers eux, car ce sont les descendants d'Abraham, d'Isaac et de Jacob. Tant qu'ils n'ont pas commencé le travail, va et précise : vous ne pourrez prétendre qu'au pain et aux légumes secs.

---

1. Cf. les articles de Jean Lacroix et de Jacques d'Hondt dans *Revue internationale de philosophie*, n°ˢ 85-86, consacrés à la crise de l'humanisme. Cf. les références à Adam Schaff dans l'article de Jean Lacroix.

Voilà des indications sur l'étendue du droit d'autrui : c'est un droit pratiquement infini. Si je disposais des trésors du roi Salomon, je n'arriverais pas à accomplir mes obligations. Bien entendu, la Michna y met une condition : il s'agit d'autrui qui descend d'Abraham, d'Isaac et de Jacob. Que l'on se rassure, il n'y a là aucune idée raciste. Je le tiens d'un maître éminent : chaque fois qu'il est question d'Israël dans le Talmud, on est libre, certes, d'entendre par là un groupe ethnique particulier qui, probablement, en fait, aura accompli un destin incomparable ; mais on aura ainsi rétréci la généralité de l'idée énoncée dans le passage talmudique, on aura oublié qu'Israël signifie peuple ayant reçu la Loi et, par conséquent, une humanité arrivée à la plénitude de ses responsabilités et de sa conscience de soi. Les descendants d'Abraham, d'Isaac et de Jacob, c'est l'humanité qui n'est plus enfantine. Devant une humanité consciente d'elle-même et qui n'a plus besoin d'être éduquée, nos devoirs sont sans limites. Les ouvriers appartiennent à cette humanité achevée, malgré l'infériorité de leur condition et la grossièreté de leur profession. Mais, chose curieuse : l'humanité ne se définit tout de même pas par son prolétariat. Comme si toute aliénation n'était pas surmontée par la conscience que la classe ouvrière peut prendre de sa condition de classe, et de sa lutte ; comme si la conscience révolutionnaire ne suffisait pas à la désaliénation ; comme si la notion d'Israël, peuple de la Thora, peuple vieux comme le monde et humanité persécutée, portait en elle une universalité plus haute que celle d'une classe exploitée et en lutte ; comme si la violence de la lutte était déjà une aliénation.

Les descendants d'Abraham.

Que peut signifier d'autre : descendance d'Abraham ? Rappelons la tradition biblique et talmudique relative à Abraham. Père des croyants ? Certes. Mais surtout celui qui a su recevoir et nourrir des hommes : celui dont la tente était ouverte aux quatre vents. Par toutes ces ouvertures, il guettait les passants pour les accueillir. Le repas offert par Abraham ? Nous en connaissons un surtout : celui qu'il avait offert aux trois anges. Sans se douter de leur condition d'anges ; car, pour recevoir dignement des anges, Harpagon lui-même se serait coupé en quatre ! Abraham a dû prendre les trois passants pour trois Bédouins, trois nomades du désert du Néguev — trois Arabes, quoi ! Au-devant d'eux il court. Il les appelle « Messeigneurs ». La descendance d'Abraham — hommes à qui l'ancêtre légua une tradition difficile de devoirs à l'égard d'autrui, qu'on n'a jamais fini d'accomplir, un ordre où l'on n'est jamais quitte, mais où le devoir prend avant tout la forme d'obligations à l'égard du corps, le devoir de nourrir et d'abriter. Ainsi définie, la descendance d'Abraham est de toute nation : tout homme véritablement homme est probablement de la descendance d'Abraham.

C'est pourquoi Rabbi Yohanan ben Mathia est effrayé par l'engagement dont son fils semble être si content : je ne pourrai jamais faire face aux obligations que tu as contractées. Même en offrant aux ouvriers engagés les repas du roi Salomon, je ne serais pas quitte envers eux !

Le roi Salomon dans sa magnificence — cela n'est pas à négliger. La Bible raconte combien les festins offerts par le roi Salomon au peuple étaient extraordinaires en énumérant la quantité du bétail égorgé à cet effet.

Le Talmud surenchérit (dans le texte qui suit de près celui que nous commentons) : les chiffres de la Bible concernent la quantité des victuailles que chacune des femmes du roi préparait chaque soir dans l'espoir de le recevoir à dîner. Salomon avait trois cents femmes légitimes et sept cents concubines. Calculons le budget que représente un tel train de maison. Il ne suffirait pas à assurer la nourriture des ouvriers, descendants d'Abraham, que l'on engage. L'étendue des obligations à l'égard des hommes pleinement hommes n'a pas de limites. Une fois de plus, rappelons le mot du rabbin lithuanien Israël Salanter : les besoins matériels de mon prochain sont des besoins spirituels pour moi.

Mais notre texte comporte une précieuse allusion. Toute la splendeur du roi Salomon ne suffirait pas à assurer la dignité des descendants d'Abraham. Il y a plus dans la famille d'Abraham que dans les promesses de l'Etat. Il importe certes de donner, mais tout dépend de la manière. Ce n'est pas par l'Etat et par les progrès politiques de l'humanité que sera satisfaite la personne — ce qui n'exclut, certes, pas l'Etat des conditions nécessaires de cette satisfaction. Mais la famille d'Abraham fixe les normes. L'idée vaut ce qu'elle vaut. Elle est suggérée par le texte. Que les adorateurs de l'Etat qui proscrivent la survivance du particularisme juif ne se fâchent pas !

Le contrat.

Ce qui est clairement contenu dans les lignes commentées, c'est que tout commence par le droit de l'autre et par mon obligation infinie à son égard. L'humain est au-dessus des forces humaines. La société selon les forces

JUDAÏSME ET RÉVOLUTION

de l'homme n'est que la limitation de ce droit et de cette obligation. Le contrat ne met pas fin à la violence de l'autre, à un ordre — ou à un désordre — où l'homme est loup pour l'homme. Dans la forêt des loups, aucune loi ne peut s'introduire. Là où autrui est, en principe, infini pour moi, on peut, dans une certaine mesure — mais dans une certaine mesure seulement — limiter l'étendue de mes devoirs. Il s'agit dans le contrat de limiter mes devoirs plutôt que de défendre mes droits. Les descendants d'Abraham sont à même d'entendre cette nécessité et de s'entendre : ils sont mûrs pour un contrat. Voilà pourquoi le père dit au fils : Définis tout de suite l'infini que tu as entrouvert ; arrête et détermine les conditions. Dépêche-toi de fixer les termes du contrat avant que les ouvriers ne travaillent. Une fois le travail commencé, je me trouverai endetté jusqu'à la fin de mes jours.

> Vous ne pourrez prétendre qu'au pain et aux légumes secs.

Le menu semble austère ; à notre goût, du moins. Il comporte cependant le principe de la variété : la conjonction *et*. Plus loin, en effet, la Guemara demandera : « pain *et* légumes secs » ou « pain *de* légumes secs » ? En hébreu, il suffit de supprimer une seule lettre — le *vav* — pour supprimer la conjonction, et pour se trouver devant l'expression signifiant « pains de légumes secs » (comme celui que nous mangions pendant la guerre). La réponse donnée est énergique :

> Par Dieu, cette conjonction est nécessaire. Cette conjonction est aussi importante ici que le gouvernail est nécessaire pour naviguer sur un fleuve dangereux.

Sans elle, c'est donc la catastrophe. Il faut absolument — même quand un contrat limite l'infini de nos obligations — que la limitation elle-même ait des limites. Nourrir autrui, c'est conserver à la nourriture le caractère de repas ; ce n'est jamais la transformer en minimum vital. Il faut, en nourrissant autrui, flatter, dans une mesure quelconque, son caprice ; sinon, c'est le naufrage.

La coutume.

Troisième alinéa dans cette première partie de la Michna :

> Rabban Shimon ben Gamliel dit : Il n'avait pas à le dire, car, en toutes choses, on se règle d'après la coutume de l'endroit.

Rabban Shimon ben Gamliel pense que les limites des obligations sont toujours exposées dans la coutume. Il ne conteste pas, semble-t-il, l'infini initial de l'obligation. Mais il pense que la coutume seule — l'empirie et l'histoire et le consensus — fixe les limites et les limites de la limitation ; que la coutume demeure un élément non dépassable de la coexistence humaine ; que la justice naît de la nature des choses. A moins que cette insistance sur la coutume n'atteste un traditionalisme conservateur et contre-révolutionnaire. La révolution, par-delà la violence et la rupture de continuité par lesquelles on s'efforce de la définir, n'est-elle pas le refus de l'exégèse — c'est-à-dire du renouvellement — des coutumes : pas de nouveaux vins dans de vieilles outres ! Suppression de vieilles outres et de vieilles vessies prises pour des lanternes ! Détruisons les autels de faux dieux ! Coupons les bosquets sacrés ! Ne les consacrons pas au vrai Dieu. Expliquons, à la rigueur, les causes des coutumes, mais débarrassons-en l'humanité. L'intervention de Rech Laquich, tout à l'heure, prendra ainsi tout son sens.

Abordons maintenant la Guemara :

> Cela ne va-t-il pas de soi ?

Tout ce qui nous a paru d'un apport si important va, en réalité, de soi, et à quoi sert alors la législation de la Michna ? Non ! Cela ne va pas de soi. Voici la situation qui peut se produire :

> Pour le cas où l'employeur paierait un salaire supérieur, on aurait pu croire qu'il dise aux ouvriers : Je vous ai consenti un salaire plus élevé, supposant que vous commenceriez de bonne heure et finiriez tard.

Ne peut-on pas, en effet, prévoir une augmentation de salaire qui oblige l'ouvrier à se lever plus tôt et à se coucher plus tard ; l'employeur devient généreux et veut acquérir un surplus du travail pris sur les loisirs de l'ouvrier. Ce que le souci de l'humain refuse à l'employeur payant un prix normal, ne peut-on pas l'acheter si « on ne regarde pas au prix » ? Ne peut-on pas, au marché noir, acheter les loisirs des travailleurs ? La Guemara voudrait que l'ouvrier réponde au patron qui se montre généreux pour obtenir des heures supplémentaires : Certes, vous m'avez payé plus cher, mais c'est pour que je travaille mieux. Sur la qualité du travail, je suis prêt à discuter, mais pas de marchandage sur ma condition humaine qui s'exprime, en l'espèce, par mon droit de me lever et de me coucher à l'heure coutumière.

Dès lors, notre texte nous enseigne qu'ils (les ouvriers) peuvent lui répondre : Tu as augmenté le salaire pour que notre travail soit plus soigné.

La révolution.

Je n'ai pas l'air de m'en tenir à mon sujet, je n'ai pas encore beaucoup parlé de révolution ; juste un mot à propos de coutumes ! Quel rapport entre cet extrait du Talmud et la révolution ?
Je ne pense pas, contrairement à beaucoup d'orateurs qui se sont exprimés aujourd'hui, qu'on doive définir la révolution d'une manière purement formelle, par la violence ou par le renversement d'un ordre donné. Je ne pense même pas qu'il suffise de la définir par l'esprit de sacrifice. Il y eut beaucoup d'esprit de sacrifice dans les rangs de ceux qui suivirent Hitler. Il faut définir la révolution par son contenu, par les valeurs : il y a révolution là où on libère l'homme, c'est-à-dire là où on l'arrache au déterminisme économique.
Affirmer que le personnel ne se négocie pas, ne donne pas lieu à marchandage, c'est affirmer le préalable de la révolution.

Les frais de déplacement.

L'intervention de Rech Laquich, qui va se produire maintenant, semble s'en tenir à un problème purement pratique : Pour l'ouvrier engagé, qui paie le déplacement ? Ou — ce qui revient au même — le déplacement de l'ouvrier doit-il être pris sur son propre temps ou sur le temps de l'employeur ?

> Rech Laquich dit : « L'ouvrier engagé, pour rentrer chez lui, prend sur son temps ; pour aller au travail, sur le temps de l'employeur. »

Il faut pour cela, certes, qu'il se lève avec le soleil. Mais bien qu'il fasse déjà jour au moment où il est en route vers les chantiers et qu'une journée de travail se mesure par la mesure du jour, le temps du déplacement à l'aller en est exclu ; le retour ne se fera qu'à la tombée de la nuit. Le temps du retour incombe à l'ouvrier. A la tombée de la nuit, il rentre — cruelle condition ! Soit, nous sommes loin de la journée de huit heures et encore plus loin de la semaine de quarante heures et des congés payés. Mais le problème du temps de déplacement et l'obligation de l'inclure dans le compte de la journée de travail sont déjà actuels. Ce ne sont pas les chiffres qui comptent, mais l'existence sur ce point de limites non négociables. On admettra, à la rigueur, l'idée que le droit syndical a son histoire et que, dans les premières affirmations des droits inaliénables de l'ouvrier s'inscrit la déprolétarisation future des prolétaires.

Mais, bon Dieu, pourquoi recourir au psautier pour une évidence aussi naturelle ? N'est-ce pas là la preuve de la fameuse stérilité de la méthode talmudique qui choque l'homme moderne (l'homme qui sait tout), dénonçant les associations d'idées produites en guise de preuves et des textes rapprochés, mais restant sans rapport ? Et puis, les psaumes, qui sont de la poésie et où l'âme s'épanche devant Dieu, qu'ont-ils de commun avec les problèmes syndicaux ?

Les psaumes et la durée de la journée de travail.

J'ai beau n'avoir jamais bien compris ce que veut dire exactement « l'épanchement de l'âme dans son amour de Dieu », je me demande tout de même s'il n'y a pas un certain rapport entre la fixation des heures de travail de l'ouvrier et l'amour de Dieu — avec ou sans épanchement. Je suis même porté à croire qu'il n'y a pas beaucoup d'autres manières d'aimer Dieu, qu'il n'y a pas de manière plus urgente, que celle qui consiste à fixer correctement ces heures de travail. Un psaume, ce n'est tout de même pas un si mauvais texte pour fonder la justice à l'égard de l'homme qui peine. Le psaume 104 a beau être un très beau psaume poétiquement parfait — vous ne me démentirez pas sur ce point, Memmi, vous qui êtes orfèvre ! — dans ses versets 22-23, il nous dit la durée de la journée de travail :

> Le soleil commence à poindre, ils se retirent (ils, c'est-à-dire les « hôtes de la forêt » — les animaux sauvages) et vont se blottir dans leurs tanières ; l'homme se rend à son labeur, accomplit sa besogne jusqu'au soir.

Rech Laquich eut raison de se référer au psaume 104 : au moment où les bêtes se retirent parce que la nuit finit, l'homme se lève avec le soleil et il accomplit sa besogne jusqu'au soir. Le texte est précis. L'excellent maître qui m'enseignait le Talmud m'apprit qu'il convient, avec beaucoup de circonspection, de se fier aux références talmudiques. J'ai déjà eu l'occasion de le rappeler ici, sans jamais convaincre. Ce maître enseignait que, par-delà tel ou tel autre verset qui, de près ou de loin, fonde le dire du docteur talmudique, c'est par son esprit — c'est-à-dire par son contexte — qu'il confère à l'idée qu'il doit fonder sa tonalité exacte. Il faut donc lire le psaume 104 en deçà et au-delà des versets 22 et 23. Or, le psaume 104 est un psaume qui glorifie l'Eternel, mais qui le glorifie d'une façon peu commune. Que la créature glorifie son créateur, c'est certes une vieille idée pieuse. En réalité, la créature glorifie l'Eternel surtout quand on ne voit pas le tout de la créature. Quand on va au bord de la mer ou en montagne et qu'on a le temps de contempler le ciel étoilé. Quand on n'est pas en vacances ou quand on n'a pas les moyens de se payer des vacances, la créature glorifie le Créateur beaucoup moins. Or le psaume 104 est un psaume de l'harmonie profonde qui régnerait dans la créature — pendant les vacances comme pendant les mois et les jours ouvrables. C'est le psaume du monde achevé : « Bénis, mon âme, l'Eternel ! Eternel, mon Dieu, tu es infiniment grand. Tu es vêtu de splendeur et de majesté. Tu t'enveloppes de lumière comme d'un manteau, tu déploies les cieux comme une tenture, etc. Tu as fondé la Terre sur ses colonnes d'appui pour qu'elle ne chancelle jamais. Tu l'as couverte de flots comme d'un vêtement ; sur les montagnes, les eaux s'étaient arrêtées... Tu leur as fixé des barrières infranchissables, pour les empêcher de submerger à nouveau la terre... Tu fais croître l'herbe, etc. »

Le travail.

C'est vers la fin que vient le passage sur les fauves qui rentrent chez eux. Dès que le jour arrive, il n'y a plus rien de sauvage. La vie intégralement humaine est possible : le travail commence. Le travail n'appartient pas, dans ce psaume, au malheur, à la malédiction, au non-sens. Le psaume semble situer le travail des hommes parmi les réussites de la création. Dans la référence de Rech Laquich, au psaume 104, par-delà le problème technique de la durée de la journée de travail et dont nous avons surtout tiré un principe, s'énonce une thèse sur le sens du travail humain et ainsi la raison de la dignité de l'ouvrier : les droits du travailleur tiennent à sa fonction dans l'économie générale de la création, à son rôle ontologique.

Les droits et la dignité de l'homme tiennent à sa condition de travailleur. Le travail appartient à l'ordre de la lumière et de la raison. Le temps du travail, tel que Rech Laquich le voit, n'est pas le temps de la frustration et de l'aliénation, n'est pas le temps maudit. Dans un monde où le travail apparaissait comme marque de servitude, réservé à l'esclave, Rech Laquich tient à l'apercevoir comme parachèvement de la création.

Mais alors, Rech Laquich n'aurait pas l'amour sacré de la révolution, ne voyant pas, dans sa béate lecture du psaume 104, comment le malheur peut entrer dans le monde par le travail. Notre psaume n'a décidément aucun pressentiment de la dialectique et affirme en somme que le monde est le meilleur possible. Je pense que le Talmud a les mêmes inquiétudes que nous. Nous verrons tout à l'heure une autre lecture du psaume 104. Et c'est même le retour à ce psaume qui se produira après une digression qui nous prouvera (s'il faut encore des preuves pour en être sûr) que le Talmud n'est pas une simple compilation — quoi qu'en pensent certains esprits pourtant éclairés — de souvenirs folkloriques selon un ordre contingent, mais qu'il y a un mouvement intérieur dans ce texte, que sa disposition est commandée par des significations, qu'elle est significative. J'y reviendrai tout à l'heure.

Mais si le Talmud va reprendre le paume 104 pour le lire autrement, nous ne devons pas abandonner à la légère la position de Rech Laquich. Peut-être Rech Laquich n'est-il nullement aveugle sur les imperfections de la créature ; peut-être la condition de l'ouvrier lui paraît-elle inhumaine, mais peut-être pense-t-il néanmoins que l'homme qui travaille est le seul espoir de la terre et que les lendemains qu'il prépare rachèteront la misère d'une condition misérable. D'authentiques révolutionnaires ont-ils toujours rejeté la dialectique inscrite dans la condition des exploités et annulé le temps nécessaire à son mouvement ? Rech Laquich, qui cherche à fonder la durée du travail sur un verset du psaume, se trouve ainsi fonder le droit du travailleur sur l'ordre même de la création. Sans doute pense-t-il ainsi que le texte biblique est lui-même conforme à la nature raisonnable (puisque créée) des choses et au droit naturel ou raisonnable. Ou du moins pense-t-il que le droit naturel attaché à la personne de l'ouvrier et consacré par la Thora garantit mieux que la coutume les droits de la personne. Peut-être Rech Laquich est-il révolutionnaire en dénonçant la coutume au sens que nous avons précisé plus haut. Aussi ne serons-nous pas étonnés de la suite. En effet, la Guemara demande :

Mais ne devrait-on pas regarder la coutume ?

La Guemara demande : Pourquoi Rech Laquich estime-t-il nécessaire de tirer d'un texte biblique une loi qui a été

formulée avec clarté par les Tanaïtes dans notre Michna :
« Tout se conforme à la coutume de l'endroit » ?

Les villes nouvelles et la Thora.

Pour Rech Laquich, la coutume, d'une façon générale, n'est pas une règle suffisante. Non pas qu'il veuille une justice abstraite, sans traditions ni coutumes. Mais Rech Laquich a assez d'imagination pour entrevoir une société sans coutumes, la société dite inhumaine qui se constitue, par exemple, dans les villes-champignons de notre monde industriel. Ces hommes du début du Moyen Age conçoivent déjà des villes américaines ! Tout a été pensé. Les limites de leur horizon concret ne les empêchent pas de vivre dans un horizon intellectuel sans limites et d'entrevoir, comme une chose importante, la possibilité pour une société de ne pas avoir de traditions :

Il s'agit d'une ville nouvelle.

Mais, s'il s'agit d'une ville nouvelle, ses habitants ne viennent-ils pas de quelque part ? Certes, mais de partout. L'idée d'une société américaine ou industrielle est pensée jusqu'au bout.

Ne devrait-on pas voir d'où ils viennent ? Il s'agit d'une population d'origines diverses.

Des villes surgissent du néant, elles sont sans passé et des populations venant de partout y sont si mélangées et les individus si dispersés que toutes les traditions sont perdues. Il existe des êtres sans histoire. Est-ce que le fait de ne plus avoir d'histoire ne transforme pas les humains en êtres inférieurs ? Le fait de ne pas pouvoir se réclamer de la grande ascendance d'Abraham, d'Isaac et de Jacob — ou, pour parler sans symbole, le fait de ne pas appartenir à une humanité consciente de son histoire, organisée et structurée — exclut-il les droits de l'homme ? Libérons l'humanité des traditionalismes. Ne tentons plus de la sauver par les vertus patriarcales du groupe. Rech Laquich veut la loi de la Thora indépendante des lieux et des temps : une loi éternelle attachée à la personne comme telle, même dans son isolement individualiste. La société moderne ne dépend pas de l'histoire, ni de ses alluvions. Elle retrouve son ordre à partir de la dignité humaine, de la personnalité humaine. Elle se fixe en fonction de la personne. A bas les coutumes et les mythes, toutes ces connaissances du premier genre de Spinoza, tous ces instruments d'asservissement !

Et l'alinéa suivant — ce tout petit alinéa — précise : même à ceux qui ont une histoire et une tradition, on peut n'appliquer que la loi de la Thora. Rech Laquich n'a pas cherché dans le psaume 104 une loi sur la durée de la journée de travail pour ceux qui sont sans tradition, pour l'individualisme de la société industrielle ; il a estimé que l'on peut toujours engager des ouvriers en dehors des coutumes selon la seule Loi de la Thora.

> Et, si tu veux, on peut dire : que c'est pour le cas où il leur a dit qu'il les engageait d'après la Loi de la Thora.

D'après la loi juste tout court, sans s'occuper de la coutume locale. Ce n'est pas la longue tradition historique qui compte, c'est le caractère personnel des personnes qui compte.

DU SACRÉ AU SAINT

Autre lecture du psaume 104.

Revenons maintenant au psaume qui, tout à l'heure, nous parut faire l'économie d'une révolution en plaçant la loi du travail sous la Loi du monde créé par Dieu. Voici Rav Zera qui lit le psaume 104.

> Rav Zera enseignait (d'autres disent que ce fut Rav José) : il est écrit : Tu amènes les ténèbres et c'est la nuit (Ps. 104, 20), *c'est ce monde-ci comparable à la nuit ;* la nuit où circulent tous les hôtes de la forêt (Ps. 104, 22), *ce sont les malfaiteurs dans ce monde, comparables aux brutes de la forêt.*

Le texte qui, tout à l'heure, parut si harmonieux, si *un* dans son sens, au point d'exclure la nécessité du bouleversement, apparaît à Rav Zera dans une lumière plus ambiguë. La nuit des fauves serait un mode d'existence humain. Le Mal est dans l'humain. La création n'est pas d'ores et déjà un ordre. Il faut que la nuit se termine, que l'ordre se substitue à la nuit. Il faut que le mal soit supprimé, qu'il ait son enfer et que le juste reçoive sa récompense.

> « Le soleil commence à poindre, il se retirent et vont se blottir dans leurs tanières » — lorsque le soleil se lève pour les justes, les malfaiteurs se retirent dans l'enfer — ou bien, si on veut lire « se blottir dans leurs maisons » — il s'agirait de justes —, pas de juste qui n'ait sa demeure — qui n'ait pas de demeure correspondant à sa dignité. « L'homme se rend à son labeur » — les justes vont recevoir leur récompense. « Celui qui accomplit son labeur jusqu'au soir » — celui qui a su mener sa tâche jusqu'au soir.

La dialectique où le mal rend service au bien, où le bien peut *objectivement* être une force du mal, est confusion et nuit. Il faut une révolution qui dissipe cette confusion : il faut que le Bien soit le Bien et le Mal le Mal. N'est-ce pas là la vraie définition de l'idéal révolutionnaire ? Certes, notre texte le dit en un langage qui est pieux. Ce qui, après tout, est une façon de dire qui ne peut pas — sauf si elle est superstition — ne pas englober en le symbolisant, ou même en le sublimant, ce qui est sensé et d'une pensée véritable et déjà en rupture avec l'opinion.

Chose curieuse, l'image du jour qui se lève est assortie de précisions qui ont retenu — et ce n'est pas l'effet du hasard — l'attention des docteurs. La fin de la nuit n'est pas présentée comme une époque où régnera l'Amour universel et où les justes passeront leur temps à contempler l'harmonie des sphères. On nous dit que les justes auront chacun sa demeure. La condition prolétaire, l'aliénation de l'homme, n'est-ce pas, avant tout, le fait de ne pas avoir de demeure ? Ne pas avoir de chez-soi, ne pas avoir d'intérieur, c'est ne pas communiquer véritablement avec autrui, et ainsi être étranger à soi et à autrui. Ce qui est annoncé ici comme le triomphe du juste, c'est — après le monde de la nuit, après l'existence sous la menace permanente, après l'existence de fauves qui n'est pas seulement menaçante mais est aussi menacée, après la peur et l'angoisse — la possibilité d'une société où chacun a sa demeure, revient chez soi et à soi, et voit le visage de l'autre. Deuxième précision qui, elle non plus, n'est pas due au hasard : Rav Zera tire « recevoir son salaire » de la partie du verset où il est dit : « L'homme se rend à son labeur », comme si le labeur lui-même était salaire, comme si le travail n'était plus maudit, mais était libre — et c'est un thème que nous retrouvons ailleurs dans le Talmud.

DU SACRÉ AU SAINT

La récompense du juste est contenue dans son labeur même. A la fois l'idée générale de la possibilité de trouver sa récompense dans la participation à l'ordre divin, une récompense de la vertu, dans la vertu même, et, inversement, travailler par vocation, travailler comme artiste.

> « Et est juste celui qui accomplit son labeur jusqu'au soir (Ps. 104, 23) : celui qui a su mener sa tâche jusqu'au soir. »

La persévérance du juste dans sa justice — malgré tous les démentis qu'à l'idée fixe de la justice oppose le monde ancien, comme le monde moderne. L'idée religieuse encore ! Aucune idée religieuse n'est abolie par le commentaire auquel je m'exerce et qui veut arracher à une signification, une et innombrable, telle ou telle autre prise isolément. « Celui qui a su mener sa tâche jusqu'au soir » — celui qui a cru en un monde meilleur, en l'efficacité du bien, malgré le scepticisme des hommes et les leçons de l'histoire, celui qui n'a pas désespéré, qui n'est pas allé au cabaret se dégager des responsabilités du service d'être homme (le mot cabaret, que je fais intervenir ici, n'est pas dû au hasard). Celui qui n'a cherché ni distraction ni suicide, qui ne s'est pas retiré de la tension dans laquelle vit le responsable, le seul qui mérite peut-être le mieux le nom de révolutionnaire. Si vous avez la patience de m'écouter jusqu'au bout, vous verrez que la suite du texte s'oppose à l'idée que l'existence est un jeu, dans le sens absolu du terme, contrairement aux tendances métaphysiques qui prévalent aujourd'hui, selon lesquelles l'être est jeu, selon lesquelles la liberté n'est pas assez libre, puisqu'elle entraîne des responsabilités. Ici, au contraire, on pense que l'être implique une extrême gravité ; que la responsabilité découlant de la liberté n'est pas assez grave, que nous sommes responsables au-delà de nos engagements. Dans ce sens, il faut mener la tâche jusqu'au soir.

Les sources du Mal.

Le problème de la défense de l'homme, de la réalisation de l'ordre où l'homme sera défendu, de la révolution, nous ramène au problème central : comment se fait-il que l'ordre humain est rongé par le Mal ? Cela commence par une anecdote : « Un jour, Rabbi Elazar ben Rabbi Shimon a rencontré un fonctionnaire chargé d'arrêter des voleurs. » Rabbi Shimon, père de Rabbi Elazar dont il est question ici, c'est le célèbre Rabbi Shimon bar Yochaï qui occupe une place à part parmi les Tanaïtes : il passa treize ans avec son fils dans une caverne à se cacher des Romains, et la tradition mystique d'Israël lui attribue le Zohar. Ces données sont importantes. On verra tout à l'heure son fils Rabbi Elazar, comme aux antipodes du mysticisme, très doué pour la police ou pour la politique (à moins qu'il ne nous apporte autre chose qu'il s'agit de trouver). On tirera en tout cas de cette anecdote relative à Rabbi Elazar la conclusion que tout le passage que nous commentons concerne le problème de la collaboration avec les Romains. Le propre des grands textes n'est pas de surgir en dehors de l'histoire, mais de signifier au-delà de la situation qui les a suscités. Est-on sûr que, dans notre thème d'aujourd'hui : judaïsme et révolution, il s'agisse d'autre chose que de la collaboration avec les Romains ? Le texte — fût-il engendré par les cas de collaboration — débouche sur tout le problème du rapport entre la politique et le Mal, de la lutte politique avec le Mal, c'est-à-dire sur un aspect essentiel du problème de la révolution. Car la révolution ne démolit pas l'Etat : elle est pour un autre régime politique, mais pour un régime politique. Donc :

> Un jour, Rabbi Elazar ben Shimon a rencontré un fonctionnaire chargé d'arrêter les voleurs. Il lui dit : « Comment peux-tu avoir raison d'eux ? N'égalent-ils pas les brutes ? »

Comment Rabbi Elazar ben Shimon sait-il que les voleurs égalent les brutes ? Pour un docteur du Talmud, ce n'est pas une donnée de la lumière naturelle :

> « Car il est dit : en elle (dans la nuit) circulent tous les hôtes de la nuit. »

C'est encore notre psaume 104 qui est mis à contribution. En quoi est-il éclairant ? Ceux qui circulent dans la nuit se cachent le jour : ce sont des hommes qui ne se montrent pas. Le Mal — ou la bestialité —, c'est la non-communication, être absolument enfermé en soi, au point de ne pas s'apparaître à soi-même.

> Mais, d'après d'autres, il aurait interprété un autre verset (Ps. 10, 9) : « Comme le lion dans le fourré, il dresse de secrètes embûches. »

Quelle importance ? Ce verset ou un autre. Les textes bibliques ne sont-ils pas redondants dans leur piété ? Attention ! La deuxième citation est tirée du psaume 10. Il faut voir de près ce que veut le psaume 10. Les Talmudistes, en quête de citations, n'ont pas ouvert la concordance pour y chercher les indications sur tous les passages où, dans la Bible, il est question de fauves. Ils ont une admirable connaissances des textes et de leurs nuances. Ils s'amusent à se faire passer pour des simples d'esprit, mais ils connaissent parfaitement les textes et leurs questions ; sans éclat apparent, ils savent penser vite et par allusion pour être d'accord entre eux, entre gens absolument intelligents. Dans le Talmud — que des Juifs se permettent de contester tout en voulant être Juifs — se trouvent noués toutes les articulations, tous les nœuds de la pensée juive.

Le psaume 10, où Rabbi Elazar ben Rabbi Shimon aurait trouvé une citation aussi profonde que celle du verset tiré du psaume 104, est à l'opposé du psaume 104. C'est un psaume sur l'absence de Dieu. Alors que tout dans le psaume 104 chante la louange du Créateur et sa présence en pleine lumière dans la créature, le psaume 10 dit : « Pourquoi, ô Eternel, te tiens-tu éloigné ? te dérobes-tu au temps de la détresse ? Dans son arrogance, le méchant persécute le pauvre dans ce monde. » Il s'agit de pauvres et non pas de bêtes de la forêt... Or Dieu se dérobe, ne redoutant pas le scandale de la non-assistance à une personne en danger. « Le méchant dans son orgueil poursuit les malheureux — ils sont victimes de trames qu'il a conçues... Le méchant se glorifie de ses passions, le spoliateur brave, vexe, outrage l'Eternel ; avec son caractère hautain, le méchant ne s'inquiète de rien : il n'est point de Dieu. Voilà le fond de ses pensées, ses voies sont prospères en tous temps, tes jugements passent au-dessus de sa tête ; tous ses adversaires, il les renverse d'un souffle. Il dit en son cœur : je ne chancellerai pas, jamais, au grand jamais ; je suis toujours à l'abri de l'adversité ; sa bouche est pleine de parjures, etc. »

> Et là aussi, « il est comme le lion dans la forêt, il dresse de secrètes embûches pour s'emparer du pauvre ; il s'empare du pauvre en l'attirant dans son filet... ».

Police et révolution.

Si la première citation pouvait laisser planer un doute sur le problème de Rabbi Elazar, la référence au psaume 10 nous en livre tout le sens. Que l'action violente contre le Mal s'impose, c'est incontestable. Et nous verrons tout à l'heure que cette violence prend toutes les apparences d'une action politique. Mais, que cette action doive rechercher la nature et la cause ultime du Mal — comprendre la raison de l'absence et du silence de Dieu ou le sens de cette absence —, cela n'est pas moins évident. Rabbi Elazar ben Rabbi Shimon, rencontrant le fonctionnaire chargé d'arrêter les voleurs, ne se demande donc pas seulement à quels signes extérieurs on reconnaît un voleur, mais en quoi consiste le Mal. D'où vient-il, comment se fait-il que le Mal pourrisse la société ? Comment se fait-il que Dieu s'absente du monde ? Et, mettant, semble-t-il, en question la politique érigée en absolu : comment pouvez-vous agir politiquement en ignorant la nature du Mal, en négligeant sa raison métaphysique et spirituelle ? Par-delà l'analyse de la situation immédiate que vous faites, quelle est la source du Mal et de la justice ? C'est là la différence entre l'action de police au service de l'Etat établi et l'action révolutionnaire. Il ne suffit pas d'être contre, il faut être au service d'une cause. Je pense que l'action révolutionnaire ne se reconnaît pas au caractère massif des manifestations victorieuses dans les rues. Les fascistes en connurent de plus belles. L'action révolutionnaire, c'est d'abord celle de l'homme isolé qui prépare la révolution dans le danger, mais aussi dans le déchirement de la conscience — dans la double clandestinité des catacombes et de la conscience. Dans le déchirement de la conscience qui risque de rendre la révolution impossible :

car il ne s'agit pas seulement de se saisir du malfaiteur, mais de ne pas faire souffrir l'innocent. Là aussi réside pour la pensée juive la différence entre la police et la politique révolutionnaire :

> Et si tu attrapais un juste et laissais partir le malfaiteur ?

L'officier de police — je pense que Rabbi Elazar ben Rabbi Shimon fréquentait les officiers de police et non pas les simples agents — lui dit :

> Que puis-je faire ? C'est ordre du roi.

L'officier de police n'a pas le temps de se demander où est le Bien, où est le Mal ; il appartient au pouvoir constitué... Il appartient à l'Etat qui lui a confié des fonctions. Il ne fait pas de métaphysique, il fait de la police. Il ne voit pas comment on peut à la fois servir l'Etat et servir l'Absolu. Y a-t-il dans le Talmud une incompatibilité entre le Désir de l'Absolu et la politique révolutionnaire ? Peut-on les concilier en demeurant dans la catégorie de la pensée politique non juive ? Le judaïsme est-il compatible avec une action révolutionnaire pensée en termes de la politique telle qu'elle est née de l'Etat gréco-romain ?

> Alors, Rabbi Elazar ben Shimon reprit : « Viens, je vais t'apprendre comment procéder. Va autour de quatre heures (d'après le calcul du Talmud, cela indique dix heures du matin) au cabaret (voilà que le café dont je parlais plus haut réapparaît). Si tu vois un buveur de vin qui tient une coupe dans sa main et somnole, renseigne-toi ! Si c'est un savant, c'est qu'il s'est levé

tôt pour étudier ; si c'est un journalier, c'est qu'il était allé de bonne heure au travail ; si c'est un travailleur de nuit, il peut avoir fabriqué des aiguilles (les travailleurs de nuit existaient déjà, leur travail consistait à fabriquer des aiguilles), il n'est pas allé au travail le jour, mais il a travaillé toute la nuit ; mais, s'il n'est aucun de ceux-là, c'est un voleur et tu peux l'arrêter. » Quand cela parvint aux oreilles du roi, on a dit : « Le lecteur du message peut servir de messager. » On chercha Rabbi Elazar. Et celui-ci arrêtait des voleurs.

Que s'est-il passé ? On a été ébloui à la cour du roi par ce qu'on a pris pour la sagesse policière de Rabbi Elazar. Il a une doctrine merveileuse et il faut qu'il l'applique. Lire correctement le message, c'est bien entendu l'appliquer. Méfions-nous des messagers des messages inapplicables ou des messages « pour les autres ».

Le cabaret.

Je ne doute pas que Rabbi Elazar fût habile homme. Je trouve néanmoins sa sagesse policière un peu courte : Allez au cabaret et arrêtez, la conscience tranquille : ceux qui y boivent, s'ils ne sont ni intellectuels, ni journaliers, ni travailleurs de nuit... Je me suis longtemps demandé ce que cela pouvait dire. Déjà, la prescience des recherches policières qui se déploient dans nos capitales modernes autour des bars ? Ce serait, en soi, peu de chose. Eh bien !, je pense que tout cela signifie d'abord que Rabbi Elazar accepte la lutte avec le Mal sur le terrain de l'Etat, au sens romain du terme, et l'action révolutionnaire comme action politique. Mais Rabbi Elazar nous indique la source du Mal qu'il va combattre. Cela peut s'entendre de deux manières. Il peut avoir pensé que celui qui ne travaille pas de ses mains et qui n'étudie pas est la source du Mal. Tous les oisifs et tous les oiseux. Je suppose que les écrivains sont compris parmi ceux qui étudient... Tous les non-travailleurs sont le Mal. Les parasites sont voleurs, au sens large du terme. L'homme doit bâtir l'univers : on bâtit l'univers par le travail et par l'étude. Tout le reste est distraction. La distraction est le Mal.

Je pense encore à une autre lecture possible de notre texte. Les deux se rejoignent, d'ailleurs. Rabbi Elazar a découvert que la source du Mal se trouve dans l'institution même du cabaret. Le cabaret, ou le café, est devenu partie intégrante et essentielle de la vie moderne, qui est peut-être « vie ouverte » surtout par cet aspect ! Une ville inconnue où nous arrivons et qui est sans cafés nous semble fermée. Le café, c'est la maison ouverte, de plain-pied avec la rue, lieu de la société facile, sans responsabilité réciproque. On entre sans nécessité. On s'assied sans fatigue, on boit sans soif. Histoire de ne pas rester dans sa chambre. Vous savez que tous les malheurs viennent de l'incapacité où nous sommes de rester seuls dans notre chambre. Le café n'est pas un lieu, c'est un non-lieu pour une non-société, pour une société sans solidarité, sans lendemain, sans engagement, sans intérêts communs, société du jeu. Le café, maison de jeux, est le point par où pénètre le jeu dans la vie et la dissout. Société sans hier et sans lendemain, sans responsabilité, sans sérieux — distraction, dissolution.

Au cinéma, un thème commun est proposé à l'écran, au théâtre, sur la scène ; au café, il n'y a pas de thème. On est là, chacun à sa petite table, auprès de sa tasse ou de son verre, on se détend absolument au point de n'être l'obligé de personne et de rien ; et c'est parce qu'on peut aller au café se détendre qu'on supporte les horreurs et les injustices d'un monde sans âme. Le monde comme jeu d'où chacun peut tirer son épingle et n'exister que pour soi, lieu de l'oubli — de l'oubli de l'autre —, voilà le café. Et nous rejoignons ainsi notre première lecture : ne pas bâtir le monde, c'est le détruire.

Je ne fais pas la guerre au café du coin — et n'entends pas soulever contre moi tous les limonadiers de Paris. Mais le café n'est que la réalisation d'une forme de vie, il procède d'une catégorie ontologique, et c'est cette catégorie que Rabbi Elazar ben Rabbi Shimon a entrevue dans les auberges primitives de son époque : catégorie essentielle à l'être occidental, oriental peut-être aussi, mais refusée par l'être juif.

Il faut aller plus vite maintenant. J'ai encore des points fort difficiles à commenter dans le texte que vous avez sous les yeux.

On chercha Rabbi Elazar — et il arrêtait les voleurs.

Au service de l'Etat.

Voilà Rabbi Elazar entraîné dans la lutte contre les malfaiteurs. Il « collabore avec les Romains ». Et les lecteurs impatients de conférer au Talmud une certaine valeur documentaire, utile à l'historien — pour lui enlever d'autant plus aisément toute signification doctrinale —, retrouveront dans les lignes qui suivent la trace d'un désaccord entre la société juive traditionnelle et ceux qui estimaient possible la participation des Juifs à la vie d'un Etat — de cet Etat par excellence que fut la Rome impériale. Il est cependant évident que, même dans une telle lecture, il n'est jamais possible, au contact du Talmud, de méconnaître l'existence d'un problème de doctrine sous-jacent : le « collaborateur » n'est pas un vulgaire renégat, mais le propre fils de Rabbi Shimon bar Yochaï ! Peut-être toute l'acuité de notre dilemme actuel — servir l'idéal par une action soucieuse de conserver les cadres du judaïsme, ou se placer délibérément sur le plan politique commun aux hommes qui nous entourent — est-elle déjà posée dans notre texte. Posée et discutée. Déjà sont vues les contradictions qui déchirent une action qui, pour combattre le Mal, adopte la voie de la politique, le service du roi. Et l'acte révolutionnaire, qui peut aller jusqu'au renversement d'un tel roi, appartient au service du roi — je pense que personne n'en doute ! Voilà ce qui justifie peut-être que les docteurs du v° siècle de notre ère qui mirent la Guemara par écrit aient jugé utile de relater l'échange de propos que voici entre Rabbi Elazar ben Rabbi Shimon et Rabbi Yehochoua bar Korha :

> Rabbi Yehochoua bar Korha lui fit dire : « Vinaigre, fils de vin, pendant combien de temps encore livreras-tu à la mort le peuple de notre Dieu ? »

Vinaigre, fils de vin ! Espèce de dégénéré ! Tu es la déchéance du judaïsme ! Ton père était vin. En toi, ce vin a tourné au vinaigre. Te voilà au service de la politique, et par conséquent astreint à participer à l'œuvre de la basse police ! Tu en arrives à livrer des Juifs au pouvoir !

Politique et violence.

En arriver à livrer des Juifs, c'est certes le comble de l'ignominie ! Que les belles âmes se rassurent devant ces propos d'un particularisme ou d'un racisme aussi petit-bourgeois. Ces propos ne consistent pas à entrer dans les jugements de valeur qui décident du Bien et du Mal dans la mesure où il est « bon ou mauvais pour les Juifs » — pensée vulgaire où se tiennent cependant fièrement, *mutatis mutandis,* les hommes politiques de toutes les nations qui font de l'utilité nationale leur loi et leur suprême morale. Mais ceux qui, il y a quelques mois, criaient dans les rues de Paris « nous sommes tous des Juifs allemands » ne se rendaient tout de même pas coupables de mesquinerie petite-bourgeoise. Juifs allemands en 1933, étrangers au cours de l'histoire et du monde, Juifs tout court, cela signifie ce qu'il y a de plus fragile, de plus persécuté au monde. Plus persécuté que le prolétariat lui-même — qui est exploité, mais non persécuté. Race maudite, non pas par ses gènes, mais par son destin de malheur, et probablement par ses livres qui appellent le malheur sur ceux qui leur sont fidèles et qui les transmettent en dehors de tout chromosome. Peuple de notre Dieu, dans ce sens très précis. C'est de ce peuple-là que parla Rabbi Yehochoua bar Korha à Rabbi Elazar ben Shimon : une action politique, fût-elle révolutionnaire, ne se retourne-t-elle pas contre le peuple de Dieu, contre le persécuté, contre la non-violence qu'il appelle de ses vœux et pour laquelle la révolution est tentée, contre la non-violence qui peut seule mettre fin à toute persécution ? Réponse de Rabbi Elazar :

> J'éloigne les épines du vignoble.

Réplique de Rabbi Yehochoua bar Korha :

> Laisse venir le propriétaire du vignoble et qu'il éloigne lui-même les épines.

JUDAÏSME ET RÉVOLUTION

Cela peut vouloir dire bien des choses. Ce n'est pas à toi, au nom de la politique universelle — au nom du roi — de porter atteinte aux lois morales : l'accord entre le destin juif et le destin du monde ne relève pas des projets humains. L'homme intégralement homme n'a pas à s'occuper de politique, il doit s'occuper de morale. Vignoble — Israël. Il y a toujours chez les prophètes la comparaison entre Israël et le vignoble. Le vignoble d'Israël est à son maître véritable et unique — à l'Eternel. Que l'Eternel résolve le conflit entre la morale et la politique. Interprétation non révolutionnaire, celle de la résignation religieuse. Ce n'est d'ailleurs pas à nous de punir notre prochain, Dieu s'en chargera. Poussé jusqu'au bout, cela voudra aussi dire : ce n'est pas à nous de bâtir Israël, attendons le Messie. A moins que le texte ne consiste, au contraire, à nous mettre en garde contre la confusion où nous vivons et où le judaïsme se mesure par son accord avec le progressisme, comme s'il ne signifiait pas un ordre autonome et absolu par rapport auquel tout le reste doit se mesurer.

Mais on peut prendre le texte encore d'une autre façon. Je me réfère à un commentateur qui a fait le rapprochement suivant, sans en tirer l'idée que je vous propose (à moins que le rapprochement ait signifié chez lui cette idée même sur laquelle il ne voyait plus aucun besoin d'insister expressément) : « Vinaigre, fils de vin » — mauvais sujet ! La vigne produit du vin, en toi ce vin a tourné au vinaigre ! Tu as trahi en associant, à l'activité politique du Romain, la Vigne du Seigneur qu'est Israël. D'où le sens de la réponse de Rabbi Elazar : Si le vin s'est fait vinaigre, c'est que la vigne n'est pas aussi excellente que l'on pense ! Il faut ôter les ronces qui l'abîment. Si je suis violent, c'est qu'il faut de la violence

45

pour que cesse la violence. Rabbi Elazar aurait été révolutionnaire jusqu'au bout : la violence ne l'effraie pas. La corruption de la vigne a produit de la violence que, par la violence, Rabbi Elazar va faire cesser. Il nettoiera la société. Par le feu et par le fer ; mais, alors, il n'y aura que des raisins qui fourniront un vin qui ne tourne jamais au vinaigre.

Au-delà du problème social.

La réponse de Rabbi Yehochoua bar Korha conserve alors tout son sens : Laisse venir le propriétaire du vignoble, qu'il éloigne lui-même les épines. Ce n'est pas en termes politiques et avec l'unique alternative de la droite et de la gauche que le Mal doit être traité d'après le judaïsme et que le judaïsme lui-même doit être jugé. Tout en reconnaissant dans le judaïsme comme dans certaines aspirations de la gauche, un défenseur de la personne humaine — dont les droits sacrés s'affirment dès les premières lignes de notre texte, tout en pouvant admettre que, dans des circonstances extraordinaires, une action violente s'impose, ou une révolution —, on ne saurait identifier la destinée du judaïsme avec la destinée du prolétariat. La cause juive n'est pas uniquement une cause sociale. La persécution antijuive ne vise-t-elle pas dans le judaïsme quelque chose d'autre, un je ne sais quoi d'autre ? Quelqu'un a dit ici — la formule m'a beaucoup plu — judaïsme ou responsabilité à l'égard de l'univers entier et, par conséquent, judaïsme universellement persécuté. Porter la responsabilité de tout et de tous, c'est être responsable malgré soi. Etre responsable malgré soi, c'est être persécuté. Seul le persécuté répond de tous, même de son persécuteur. La

JUDAÏSME ET RÉVOLUTION

responsabilité ultime ne peut être que le fait d'un homme absolument persécuté, n'ayant pas droit à la parole pour se dégager de sa responsabilité. Nous sommes un vignoble plus compliqué qu'un lopin de terre qu'on exploite ; seul son propriétaire — sublime particularisme ! — est à même d'en écarter les épines. Dans l'acceptation par Rabbi Elazar de l'action politique où la révolution se place, Rabbi Yehochoua bar Korha a vu un danger : la mort du judaïsme en l'homme révolutionnaire. Dans quelle mesure la révolution ne va-t-elle pas être mortelle au judaïsme, non pas parce qu'il est une survivance, mais parce qu'il est au service de valeurs plus anciennes, plus délicates que celles qui commandent le socialisme, parce que son endurance et sa patience même sont aussi au point de rupture. Quelles valeurs ? Cela n'est pas dans le texte que j'ai à commenter. Mon texte affirme, en dehors de tous les buts politiques, un idéal obscurément senti, qui empêche l'assimilation pure et simple et qui expose à la persécution où peut-être s'atteste la reconnaissance obscure par tous les autres de cette irréductibilité. Peuple de Dieu, en ce sens. Comme si, par-delà l'aliénation sociale et économique, il y avait une autre aliénation qui guette l'homme, comme si seul le propriétaire de ce jardin secret pouvait faire ce je ne sais quoi de plus qui désaliène définitivement, par-delà toute désaliénation politique. Que les non-Juifs puissent ressentir ainsi le particularisme juif, je pense qu'une lettre que je vous lirai tout à l'heure en porte témoignage et ajoute à l'acuité de cette tension entre le judaïsme et l'universalité, et confère au judaïsme, si on peut dire, une signification au-delà de l'universalité.

Une lettre.

L'auteur de cette lettre occupe une place éminente dans le monde littéraire français d'aujourd'hui, si d'un homme comme lui on peut dire qu'il occupe une place sans le choquer par tout ce que l'idée même de place occupée — et serait-elle pure métaphore — évoque de bourgeoisie et de confort. Je ne vous dirai pas son nom. Aux événements de Mai il a participé d'une façon totale, mais lucide. Il y fut associé dangereusement au-delà du mois de mai. Et voici qu'il se retire brusquement. Il a tenu, dans une lettre inattendue pour moi, à m'en donner les motifs. Il s'est séparé de ses amis révolutionnaires quand ils ont opté contre Israël. Voici la fin de sa lettre :

« Non, j'ai toujours dit que là était la limite que je ne franchirai pas, mais maintenant je voudrais un instant m'interroger... me demander pourquoi ces jeunes gens qui agissent dans la violence, mais aussi la générosité, ont cru devoir faire un tel choix, ont joué l'irréflexion, l'usage de concepts vides (impérialisme, colonisation) et aussi le sentiment que ce sont les Palestiniens les plus faibles et qu'il faut être du côté des faibles (comme si Israël n'était pas extrêmement, effroyablement vulnérable). » (Les deux Israël, je pense : M. Israël et l'Etat d'Israël, car Israël, c'est la vulnérabilité même.)

« Mais il y a, à mon sens, une autre raison, c'est que chez aucun d'entre eux, il n'y a d'antisémitisme, fût-il latent, et même aucune idée de ce qu'est et a été l'antisémitisme.

« Il n'est donc pas vrai que l'antisionisme, c'est l'antisémitisme d'aujourd'hui ; c'est pourquoi le sens d'Israël même, dans ce qu'il a de plus manifeste, leur échappe absolument ; je trouve cela grave ; c'est comme si Israël était mis en péril par l'ignorance — oui, une ignorance peut-être innocente, mais dès lors lourdement responsable et privée d'innocence —, mis en péril par ceux qui veulent exterminer le Juif parce que Juif, et par ceux qui ignorent absolument ce que c'est qu'être Juif. L'antisémitisme aurait donc désormais pour alliés ceux qui sont comme privés d'antisémitisme.

« N'est-ce pas un retournement étrange, et qui prouve que l'absence d'antisémitisme ne suffit nullement ? »

Politique en doute.

Rabbi Elazar ne connaissait-il pas cette tension aiguë entre l'action politique et l'existence juive, ou du moins l'impossibilité de comprendre le judaïsme en fonction d'une philosophie politique ? Est-il sûr que Rabbi Elazar entre au service du roi, qu'il se reconnaît une fonction politique ? La suite du texte est de nature à nous en faire douter.

C'est sur une voie du doute et du conflit interne qu'il se trouve amené. D'ailleurs, il ne prononce jamais pour justifier l'action que désormais il mène : tel est l'ordre du roi. Mot que le dernier alinéa de notre texte — dont nous comprenons dès maintenant l'à-propos — met dans la bouche de Rabbi Yishmael ben Rabbi José, à qui le prophète Elie reproche également de « livrer à la mort le peuple de notre Dieu ». Rabbi Elazar connaîtra l'impopularité de l'audace et s'expose à la contestation : le doute jeté par Rabbi Yehochoua bar Korha sur la légitimité de la collaboration avec l'Etat nourrit les injures du vulgaire :

DU SACRÉ AU SAINT

> Un jour, un blanchisseur le rencontra et l'appela :
> « Vinaigre, fils de vin ! » Rabbi Elazar dit : « Insolent
> comme il est, c'est probablement un malfaiteur. » Il
> donna l'ordre de l'arrêter.

Rabbi Elazar flaire le crime derrière cette insolence. (Ne voyez dans ce que je vais dire aucun souci de me rapprocher de l'actualité !) : entre la contestation révolutionnaire et la simple insolence verbale, la différence est un abîme. Mais la pure violence verbale est symptôme de criminalité. L'insulte meurtrière est fatale à celui qui la profère. Ou, pour prendre les choses plus profondément : la rupture des liens du langage, la profanation de ses lois internes augmentent la criminalité comme la première brèche dans le mur des normes, comme la désobéissance aux lois rituelles.

Et c'est probablement le sens de la citation que Rabbi Elazar fait plus loin des Proverbes, par-delà la recommandation de bon sens qu'elle contient. L'insulte et l'incontinence — ce retour au cri, cette dissémination du logos — déclenchent un désordre qui désormais échappe à la bonne volonté. Le verbe enchaîne le chaos, malheur à qui brise le langage :

> Rabbi Elazar dit : « Insolent comme il est, il est probablement malfaiteur. » Il donna l'ordre de l'arrêter.

La colère de Rabbi Elazar s'apaise, le pardon de l'offense personnelle n'est pas long à venir — et voilà que, méconnaissant l'enchaînement implacable de l'ordre politique, Rabbi Elazar essaie d'arracher l'homme qu'il a livré dans la colère à ce déterminisme. Hélas, l'ordre — ou le désordre — de la loi politique est implacable. L'homme qui lui a été livré ne sera pas récupéré.

JUDAÏSME ET RÉVOLUTION

Après s'être calmé, il alla le délivrer, mais cela ne fut plus possible. Alors, il dit à son sujet (Prov. 21, 23) : « Mettre un frein à sa bouche et à sa langue, c'est se préserver de bien des tourments. »

Ce qui vient maintenant n'est pas pour démontrer que Rabbi Elazar était une belle âme et qu'il avait des remords. Il assiste au supplice de l'homme dont il avait deviné le crime sous l'offense reçue, mais sans pouvoir déduire celui-là de celle-ci. Il le pleure comme un innocent. Ni le respect des formes et de leur déterminisme, ni la simple intuition ne justifient à ses yeux la condamnation d'un homme.

Quand on le pendait, il pleurait près du gibet.

Le pouvoir de l'homme sur l'homme.

Rabbi Elazar reçoit alors la confirmation de son instinct infaillible qui, seul, sans doute, justifiait son option pour la politique, alors que jamais il ne se repose — comme le fonctionnaire de la police qu'il remplaça ou comme le docteur de notre dernier alinéa — sur le caractère irrécusable de la politique (« c'est l'ordre du roi »), excuse qui transforme le politique en policier.

Alors, ils lui dirent : Maître, calme-toi. En plein jour du Grand Pardon, lui (le blanchisseur) et son fils eurent des relations coupables avec la fiancée d'un tiers. Il mit les mains sur son propre corps et dit : Réjouissez-vous, mes entrailles, si ceux qui nous semblent douteux en sont là, où en sont ceux dont le cas ne fait aucun doute. Je suis sûr que la vermine n'aura pas de pouvoir sur vous.

« Le peuple de notre Dieu » est donc susceptible de tous les crimes ! Sans aucun doute, le Talmud veut nous rappeler cela pour mettre fin à tant de rhétorique facile et mystificatrice. Il y a des épines dans le jardin du Bon Dieu ! Le désaccord entre Rabbi Elazar et Rabbi Yehochoua bar Korha se tend davantage. Mais il faut aussi comprendre le reste qui se dit par antiphrase. Condamner un innocent — ou même condamner un coupable sans preuves — est une faute à laquelle la tombe même ne permet pas d'échapper. Il y a des morts après la mort ! Qu'on ne voie là aucune superstition. C'est toute l'étendue de l'angoisse que comporte le pouvoir de l'homme sur l'homme qui est exposée ici.

« Mais il ne fut pas rassuré pour autant. On lui donna un somnifère », etc. (suit dans le texte la description d'une épreuve à laquelle on soumet les entrailles de Rabbi Elazar et la discussion à laquelle le résultat de l'épreuve donne lieu).

L'incertitude demeure. L'instinct, si sûr qu'il soit, ne porte pas en lui-même sa propre justification. D'où l'épreuve, dont je vous épargne les détails, un peu horribles. Epreuve favorable à l'instinct de Rabbi Elazar, et pourtant discutable.

Entre Rabbi Elazar et Rabbi Yehochoua bar Korha, quelle solution ?

> Et à Rabbi Yishmael ben Rabbi José arriva la même chose. Un jour, le prophète Elie le rencontra et lui dit : Jusqu'à quand vas-tu livrer à mort le peuple de notre Dieu ! Il répondit : Que puis-je faire, c'est l'ordre du roi. Elie lui dit : Ton père s'est enfui en Asie, enfuis-toi en Lacédémone.

Selon la tradition talmudique, le prophète Elie, à l'époque messianique, résoudra toutes les antinomies. Il fait son apparition dans le dernier alinéa du passage que je commente et semble rejoindre la pensée de Rabbi Yehochoua bar Korha. Il ne faut pas livrer au roi des enfants de notre Dieu. Il ne faut pas entrer dans la voie des violences politiques pour combattre le Mal. L'ordre politique est récusable. On peut fuir en Lacédémone.

Revenir au privé ? Se retirer ? Fuir ? Laisser faire ? La parole d'Elie a-t-elle ici la plénitude de voix qu'elle retrouvera à l'époque du Messie ? Et, si elle résonne avec fermeté contre celui qui ne sait pas mettre en question l'ordre du roi, a-t-elle la même autorité pour arrêter « celui qui entend sarcler la vigne du Seigneur » ?

II

TEXTE DU TALMUD DE BABYLONE
TRAITE *NAZIR*, pp. 66 *a* et *b*

MICHNA.

Samuel était naziréen, selon le propos de Rabbi Nehoraï, car il est dit (Samuel I, chap. 1, 11) : « Et le rasoir (*morah*) ne touchera point sa tête. » Or, de Samson a été dit (Juges, 13, 5) le mot *morah* (= rasoir) et de Samuel a été dit le mot *morah* (= rasoir). Tout comme le mot *morah* dit à propos de Samson indique le nazirat, dit à propos de Samuel il indique aussi le nazirat. – Rabbi Yossi objecta : « Le mot *morah* ne signifie-t-il pas la crainte inspirée par des êtres de chair et de sang ? » Rabbi Nehoraï répondit : « Mais n'est-il pas écrit : « Et comment irais-je ? dit Samuel. Si Saül l'apprend, il me fera mourir » (Samuel I, chap. 16, 2). Il a donc bel et bien connu une peur inspirée par un être de chair et de sang. »

GUEMARA.

Rav a dit à Hiya, son fils : « Attrape vite et dis la bénédiction. » Et, de même, Rav Houna dit à Raba, son fils : « Attrape vite et dis la bénédiction. » Ce qui signifie : plus grand est celui qui dit la bénédiction que celui qui répond *Amen*. — Mais n'avons-nous pas une *bräitha* : « Rabbi Yossi enseigna : celui qui répond *Amen* est plus grand que celui qui dit la bénédiction ? » « Par le Ciel ! lui répondit Rabbi Nehoraï, sache que les fantassins ouvrent les hostilités et c'est aux troupes d'élite, qui viennent en fin de combat, qu'on attribue la victoire. » — Ce problème fut en discussion entre les Tanaïtes. Il existe une *bräitha* : « Et celui qui bénit, et celui qui dit *Amen*, sont compris dans la récompense, mais celui qui bénit la reçoit le premier. » — Rabbi Eléazar dit, au nom de Rabbi Hanina : « Les disciples des Sages (*talmidé hahamim*) multiplient la paix dans le monde, car il est dit (Isaïe, 54, 13) : « Tous tes enfants seront les disciples de l'Eternel ; grande sera la paix de tes enfants. »

JEUNESSE D'ISRAËL [1]

Le choix.

Le texte qui vous été distribué n'a, de prime abord, aucun rapport avec la jeunesse.

Ce qui est encore plus grave, c'est le peu de rapport que ses diverses parties semblent avoir entre elles. Mais dans l'unité profonde qu'elles entretiennent et qu'elles invitent à découvrir réside, peut-être, leur enseignement le plus suggestif. Et ce fut l'une des raisons de mon choix. Il y eut cependant en sa faveur un motif moins excen-

---

1. Texte prononcé dans le cadre d'un colloque consacré à « La Jeunesse d'Israël ».

trique et qui ne vous aura pas échappé. Ce texte concerne le *nazirat,* institution exposée dans Nombres, 6, 1 à 21. Le *naziréen* est un homme qui ne se fait pas couper les cheveux : « Tout le temps stipulé par le *nazirat,* le rasoir ne doit pas effleurer la chevelure de sa tête. » Et le texte des Nombres ajoute à cet interdit une justification qui, moins actuelle que les cheveux longs eux-mêmes, ne convaincra certainement pas tout le monde : « Car l'auréole de son Dieu est sur sa tête ; tant qu'il portera cette auréole, il est consacré au Seigneur. »

Ce n'est pas pour couper le verset en deux et pour séparer la loi de ses attendus que j'ai choisi, à propos de la jeunesse d'Israël, un texte sur le nazirat. Mais j'ai été frappé, en lisant *le Monde,* qui sait tout, que la jeunesse aux cheveux longs veut exprimer, par sa coiffure encombrante, son désaccord avec la société injuste à laquelle néanmoins elle appartient. « Nous ne nous ferons pas couper les cheveux tant que la société n'aura pas changé », disent ces jeunes gens. Qu'ils le veuillent ou non, les voilà consacrés au Seigneur ! La deuxième moitié du verset est retrouvée. La voilà, l'auréole de Dieu ! Je suis certain que le texte biblique n'aurait jamais voulu d'auréole de Dieu sur la tête du naziréen qui ne signifie pas, ou n'exprime pas avant toute chose, une exigence de justice au fond de son cœur.

Admettre les termes des textes.

Mais l'institution du nazirat, dans le livre des Nombres, comporte d'autres règles. Laissez-moi vous les exposer avant de commenter le texte que vous avez sous les yeux. Cela m'est, en effet, un plaisir que de pouvoir dire quelque chose de précis dans un discours sur l'essence du judaïsme ! Ce n'est pas dans ces choses précises et, en apparence, sans mystère, que s'annoncent les suggestions les moins précieuses. Bien entendu, tout y est dit en termes religieux ; mais, contrairement aux préjugés répandus sur le particularisme de la pensée religieuse juive, ce langage conserve un sens bien sensé et universel, même pour ceux qui sont sûrs — même absolument sûrs — de leur irréligion. Certitude admirable ! soit dit en passant. Etre sûr de son irréligion ne me semble pas, à moi, plus facile que d'avoir la certitude de ses certitudes religieuses. Mais laissons cela ! Les irréligieux sont des gens à croyances fermes, ils ne doutent pas de leur libre pensée !

Entrons donc, malgré notre méfiance, dans ce langage, ou dans cette imagerie religieuse. Admettons au départ les données du texte, sans nous adonner trop tôt à la psychanalyse de son auteur — ou de ses auteurs —, sans faire à qui que ce soit un procès d'intentions ; supposons le texte sincère et demandons-nous ce qu'il veut dire ; supposons que, dans les termes dont il use, il y a pensée et que, par conséquent, son dire et ses représentations sont transposables en un autre langage et en d'autres concepts. C'est dans cette transposition que s'opère probablement l'interprétation. Elle serait impossible sans une préalable présentation des choses selon le dire même du texte : « Dieu », « consacré à Dieu », « auréole de Dieu », ne reculons pas devant ces termes. Espérons seulement que de leur constellation même dans notre texte se dégagera un sens indépendant de tout catéchisme. Peut-être même nous apercevrons-nous que des structures complexes ou des significations inattendues que notre texte enseigne ne peuvent être dites que dans ce langage religieux, selon leur sens multilatéral, auquel des interprétations — la nôtre comprise — ne peuvent arracher qu'un aspect. Je n'ai d'ailleurs jamais compris la différence radicale que l'on fait entre la philosophie et la simple pensée, comme si toutes les philosophies ne coulaient pas de sources non philosophiques. Il suffit souvent de définir une terminologie insolite par des mots dérivant du grec pour convaincre les plus difficiles que l'on vient d'entrer dans la philosophie.

Le nazirat et ses interdits.

J'en reviens donc à la description du nazirat. Il s'agit d'une condition que l'israélite se donne, comme la conséquence d'un vœu, pour une période déterminée. Elle comporte, en plus de l'engagement de ne pas couper sa chevelure, deux autres interdits : pendant toute la période du nazirat, le naziréen ne boira pas de vin et ne consommera aucun produit provenant de la vigne : ni raisins secs ni enveloppe du raisin. Ici, le texte même de la Bible étend aux produits de la vigne l'interdiction qui concerne le vin. Comme si, pour préserver de la transgression, la Loi elle-même excluait tout ce qui, de fil en aiguille, peut y mener. Comme si le texte même de la Bible traçait le modèle de la « Clôture de la Loi » à laquelle s'appliquera l'œuvre des Rabbis. Œuvre à laquelle remontent les innombrables interdits ajoutés à ceux qu'énonce la Thora pour assurer le respect de ces derniers.

Dernier point : le naziréen s'interdit, pendant la période du nazirat (qui est au minimum de trente jours), tout contact impur qui est, par excellence, le contact de morts, ou même la présence dans une pièce où se trouve un mort. On peut, certes, en faisant preuve de volonté, ne pas boire de vin ou ne consommer aucun produit de la vigne.

Il est aussi en notre plein pouvoir de préserver nos cheveux du rasoir. A Samson, certes, on les a coupés pendant qu'il dormait ; toutefois, les aventures arrivées à Samson ne sont pas fréquentes. Mais il est évident que l'on peut se trouver, sans que cela dépende de nous, dans une pièce où se produit une mort brusque. Le naziréen peut donc se rendre impur malgré lui. Cela suffit cependant pour interrompre son nazirat. Il est tenu alors à se faire raser la tête, à offrir un sacrifice appelé *Asham* et à recommencer la période de son nazirat telle qu'il se l'était fixée par son vœu initial.

Voilà le statut du nazirat résumé d'une façon très imparfaite : en dehors des vingt et un versets des Nombres qui l'instituent, tout un traité du Talmud — soixante-six doubles pages, cent trente-deux pages — lui est consacré. Et c'est à la fin de ces cent trente-deux pages que se trouvent les trente lignes que j'ai traduites pour vous les commenter.

Mais avant d'y entrer, me permettez-vous encore de deviner l'une des deux millions quatre cent mille significations que comportent les interdits que je viens de résumer ? Cela suppose, certes, des connaissances infiniment plus vastes que celles que je possède et que certains orateurs s'imaginent suffisantes pour se livrer à l'exercice sur la « pensée juive ». Que les talmudistes ici présents — et qui mesurent au moins l'étendue de mon ignorance en la matière — me pardonnent cet essai d'expliquer. Je l'estime nécessaire pour ne pas décevoir l'attentive assemblée qui m'écoute et qui serait peut-être portée à se révolter contre les éternels interdits auxquels aboutirait toute tentative d'aborder le judaïsme. Ce que je dirai ne sera donc qu'une approche faite conformément au peu que j'ai appris.

La motivation.

Pourquoi le contact du mort rendrait-il impur ? Dans le judaïsme, la mort, en effet, est principe d'impureté. On l'appelle même : principe du principe, ou, selon une expression pittoresque, mais rigoureusement technique, grand-père de l'impureté : toute impureté spirituelle découlerait du contact des morts. Croyance mythique, direz-vous, et avec l'aide de l'ethnographie vous la trouverez dans d'autres croyances. Dans le judaïsme, l'impureté du mort ne se réfère cependant pas au registre du sacré et du profane. Le contact du mort n'est pas la violation d'un tabou. La mort est source d'impureté parce qu'elle risque d'enlever tout sens à la vie ; même quand on a philosophiquement triomphé de la mort ! Car, à chaque nouveau contact de la mort, tout sens risque aussitôt de se réduire à l'absurde ; la course derrière la jouissance de l'instant — le *carpe diem* — devient peut-être alors l'unique et triste sagesse. Les grands engagements et les grands sacrifices sont déjà sur le point de s'altérer. La mort est le principe de l'impureté.

Pourquoi l'interdiction du vin ? Parce que l'ivresse est illusion, évanouissement du problème, fin de la responsabilité, enthousiasme artificiel, et que le naziréen ne veut pas être trompé, ni être déchargé du poids de l'existence en oubliant précisément le Mal et le malheur. Lucidité, réalisme, absolue fidélité dans la lucidité et non pas dans l'ivresse et l'exaltation.

Pourquoi les cheveux longs ? Ce que je vais vous en dire plus loin justifiera quelque peu l'interprétation que je tente tout de suite. Ne pas se laisser couper les cheveux pendant la durée du nazirat, et la nécessité de se raser la tête à la fin du nazirat, telle est la Loi. Lorsque le naziréen arrive à la fin de la période de son vœu, il se présente devant l'autel du temple, offre un sacrifice, se fait couper les cheveux, les jette dans le feu et boit du vin. Mais les cheveux qu'il se laisse pousser pendant la durée du nazirat, n'est-ce pas une façon d'être « droit devant soi » sans se soucier de son apparaître ? Une façon d'être « sans miroir » : être sans se tourner vers soi ? Antinarcissisme ! Pourquoi est-on obligé de se raser la tête dès la fin des vœux du nazirat ? Peut-être pour empêcher que la belle violence qu'on s'était faite ne se fasse douce coutume et que la protestation contre les institutions ne se fasse institution ! Se laisser pousser les cheveux, ne pas se regarder, ne pas faire de retour sur soi, ne pas s'occuper de l'effet qu'on fait, ne pas mesurer l'étendue de ses audaces — rien de plus beau tant que demeurent pureté et lucidité ! Mais attention à l'audace devenue profession ! Attention à à l'insolence exercée toute conscience révolutionnaire éteinte ! Il faut les laisser pousser, certes, mais à un certain moment il faut les couper. Ils risquent de devenir l'uniforme de la non-conscience de soi. Indifférence à l'égard de soi, mépris du paraître, certes, mais aussi jeunesse devenant raison sociale et bientôt revendication. Des cheveux longs portés comme uniforme, c'est là le grand scandale des cheveux longs.

Voilà donc la motivation possible de quelques rites. Le Talmud nous met en garde contre la recherche de telles motivations. Il suffit de connaître les raisons d'un impératif pour le rendre aussitôt hypothétique, et dans le sens kantien et dans le sens vulgaire du terme. On se met aussitôt à penser que les dangers conjurés par l'impératif menacent certainement tout le monde, mais ne me menacent pas moi. Ce fut, paraît-il, le malheur du roi Salomon : il était, certes, persuadé que des femmes trop nombreuses égarent, comme le veut l'Ecriture, tous les hommes, mais se croyait au-dessus de telles contingences. Vous savez ce qu'il en advint. J'ai donc commis une grave transgression en cherchant des raisons aux trois interdits du statut du naziréen. Du moins ai-je laissé entrevoir l'élévation de cette condition à laquelle on peut vouer toute sa vie, comme on peut s'y engager pour un temps limité d'au moins trente jours.

Nazirat et prêtrise.

Celle du grand-prêtre en est le modèle. Ce que j'ai dit du statut du nazirat : va-t-il réhabiliter aux yeux de quelques-uns des notions aussi suspectes de cléricalisme que le Temple, le culte qui s'y rend, et les prêtres qui y sont consacrés ? Quelle que soit l'opinion que l'on puisse avoir sur l'historicité des institutions que ces notions suggèrent, il faut lire dans leur propre langage les livres où se pense le judaïsme, où se fixent les normes en lesquelles s'expriment sa vision du monde et son message. Avant toute histoire et toute sociologie, il faut déchiffrer le propre langage des textes.

Le grand-prêtre et les prêtres qui sont de service — leur tour revient périodiquement — sont astreints aux mêmes interdits que les naziréens. Ils ne touchent pas à leur coiffure pendant trente jours, ne pénètrent pas dans le temple ayant bu du vin. Les commentateurs expliquent la mort violente des deux fils aînés du grand-prêtre Aaron, dont il est question dans le chapitre 10 du Lévitique, par le fait qu'ils étaient entrés au tabernacle sans avoir respecté ce principe. Le contact des morts est, enfin, en permanence interdit aux prêtres. Le prêtre est-il naziréen permanent ? Le naziréen est-il un prêtre temporaire ? Les analyses du Talmud répugneraient à de telles formules qui manquent de nuances, mais l'analogie évidente d'interdits et de rites ne fournit-elle pas une métaphore supplémentaire pour exprimer l'élévation qui s'attache au nazirat, à la consécration au Seigneur ? Le naziréen connaît la condition exceptionnelle du prêtre pénétrant dans le temple, métaphore de l'approche du Très-Haut et d'une liturgie qu'un seul célèbre pour la collectivité, pointe de l'élection : service de l'un pour tous.

Aimable jeunesse.

Où, dans tout cela, est la jeunesse ? Après le débat de ce matin et ce qu'en dirent en particulier Vladimir Jankélévitch et Mlle de Fontenay [1], la jeunesse nous apparut comme une certaine instabilité si on la définit par l'âge, comme une notion en soi insignifiante, dangereuse quand on rappelle l'usage qu'en fit le fascisme, qui se sert de la jeunesse pour faire oublier les oppositions et les conflits réels des hommes. Et, cependant, l'attrait qu'exerce l'idéal de la jeunesse sur les hommes est grand, même si on en refuse les définitions jeunesse-orgueil, jeunesse-spontanéité, jeunesse-refus du passé, jeunesse-liberté, sous le prétexte que tous ces attributs ont leur envers de cruauté, de barbarie, de facilité. Il n'en reste pas moins que la jeunesse est éminemment désirable et éminemment aimable en autrui. On ne saurait en parler d'une façon péjorative. Quand on conteste la jeunesse, on dit que la vraie

---

1. Cf. *Jeunesse et révolution dans la conscience juive — Données et débats,* P.U.F., 1972, pp. 230-242.

jeunesse est ailleurs. On utilise déjà la jeunesse pour attaquer la jeunesse.

Le texte auquel je me réfère n'est-il pas guidé par un concept de jeunesse moins dialectique, moins susceptible de laisser travestir la grâce de la jeunesse en égoïsme, et surtout — et paradoxalement — en la désignation de ce qui est éminemment périssable dans l'humanité ?

Le naziréen de Simon le Juste.

Je vais partir, avant d'aborder le texte qui est devant vous, d'un autre passage qui se trouve dans le même traité, page 4 *b*. Il y est question d'un mode d'existence noble où le phénomène qu'on peut appeler jeunesse apparaît. C'est le récit d'un nazirat absolument exceptionnel ; beaucoup d'entre vous le connaissent probablement ; c'est une histoire qui berçait, sinon notre enfance à tous, du moins l'enfance de certains d'entre nous : « Siméon le Juste a dit... » Siméon le Juste est une personne extrêmement connue. Dans le *Traité des principes* — dans les *Pirké Aboth* que vous avez cités aujourd'hui, Mademoiselle de Fontenay —, tout au début, parmi les premiers « dits », figure celui de Siméon le Juste. « Siméon le Juste était parmi les derniers docteurs de la *Grande Synagogue*. » Un docteur de la Loi très ancien. C'est lui qui avait accueilli Alexandre le Grand à Jérusalem. Ce qui nous fait remonter à des relations assez peu communes ; et Alexandre le Grand qui, pour avoir été Macédonien n'en était pas moins Grec et avait eu Aristote lui-même pour maître, conçoit du judaïsme traditionnel une opinion à laquelle les jeunes hommes d'aujourd'hui, qui pour avoir fait un peu de philosophie se croient profondément Grecs, ne s'élèvent pas toujours. Voici donc ce que dit Siméon le Juste, d'après la page 4 *b* du traité *Nazir* (sans parler d'Alexandre le Grand, il nous fait penser à une histoire grecque) : « Siméon le Juste a dit : De ma vie je n'ai participé au repas qui accompagne le sacrifice qu'apporte le naziréen devenu impur... » Il s'agit du sacrifie qu'offre le naziréen devenu impur au contact d'un mort, qui est obligé de se couper les cheveux, avant de recommencer le temps de son nazirat ; sacrifice qui comporte un repas auquel le prêtre participe. Et Siméon le Juste était grand-prêtre... De sa vie il n'a participé à un tel repas. Pourquoi ? Le commentateur l'explique : parce qu'il doutait qu'un naziréen dont le nazirat a pu être interrompu puisse avoir le courage de recommencer l'épreuve dans son intégralité. Il craignait que le sacrifice offert ne le soit sans intention sincère, ce qui serait une pure profanation des sacrifices. A un acte de profanation, Siméon le Juste n'a jamais voulu participer : « De ma vie je n'ai participé au repas qui accompagne le sacrifice offert par le naziréen devenu impur, sauf le repas qui accompagnait le sacrifice d'un jeune homme venu du Sud. Il avait bel aspect et de beaux yeux et une chevelure tombant en belles boucles... Je lui dis : Mon fils, pourquoi t'étais-tu décidé à abîmer une si belle chevelure ? » (N'était-il pas, en effet, venu offrir un sacrifice et se faire couper les cheveux, mais, surtout, n'aurait-il pas eu, de toute façon, à y toucher à la fin de son nazirat ?) Alors le jeune homme répondit : « J'étais berger dans ma bourgade et gardais les troupeaux de mon père. J'allais boire au ruisseau et j'y ai vu, un jour, mon image... mon mauvais penchant (ou mon "instinct" ? ou mon "mauvais instinct" ? ou ma "personne" ?, ou mon "moi" ? Le terme employé, que j'ai essayé de traduire, est *Yitzri*, mon *yetzer*, nom qui renvoie au verbe *Yatzor*, créer. *Yitzri* :

peut-être ; "ce qu'il y a de créature en moi"). Et alors, *yitzri* s'est emporté (ou s'est enivré) et a cherché à me chasser du monde (ou de mon monde). Je lui ai dit : « Vaurien, tu tires orgueil d'un monde qui n'est pas à toi et où tu finiras dans la vermine. Par Dieu, je vais te faire couper les cheveux. » « Alors, ajoute Siméon le Juste, je me suis levé, ai embrassé le jeune homme sur la tête et lui ai dit : "Que des naziréens comme toi soient nombreux en Israël, c'est de toi que l'Ecriture dit : si un homme fait expressément vœu d'être naziréen, voulant s'abstenir en l'honneur de l'Eternel", etc. »

Et le Tosafithe de commenter : « Dès le départ, le vœu de celui-là était voué au Ciel », était désintéressé. Siméon le Juste savait pertinemment que celui-là ne reviendrait pas sur ses vœux du fait de s'être rendu impur par contact imprévisible d'un mort ; mais la plupart des naziréens prononcent des vœux soit quand ils se trouvent en difficulté, soit pour racheter une faute ; l'acte de pénitence passe donc aux yeux de notre commentateur pour un acte intéressé. Ce texte, dans l'éclairage du Tosafithe, nous révèle le sens du nazirat : le désintéressement. Non point au sens uniquement moral du terme que, sans aucun doute, le désintéressement comporte, mais dans un sens plus radical encore. Il s'agit du désintéressement opposé à l'*essence* d'un être, laquelle, précisément, est toujours persistance dans l'essence, retour de l'essence sur elle-même, conscience de soi et complaisance en soi. Comme l'a très bien vu le jeune berger, elle est non seulement une persistance, mais aussi un vieillissement et un mourir. La conscience de soi, oublieuse de la sénescence, orgueil déraisonnable ! Ce à quoi s'est refusé le naziréen par excellence, rencontré par Siméon le Juste, c'est à cette autocontemplation : non pas à être beau, mais à se regarder beau. Il s'est refusé à ce narcissisme qu'est la conscience de soi, sur laquelle est bâtie notre philosophie occidentale et notre morale. Je dis *nôtre*. Mais le jeune berger de Siméon le Juste s'est refusé à la pensée de la pensée par laquelle se décrit le dieu d'Aristote et sur laquelle se termine l'*Encyclopédie* de Hegel et peut-être la philosophie occidentale. Aurait-il senti qu'il sortait du monde, qu'il sortait de l'ordre qui était le sien, que, dans la contemplation de soi, il se perdait ? Il faut voir son nazirat à ce niveau.

Engagement et liberté.

Le texte que nous allons aborder maintenant doit être lu dans le prolongement de ce qui précède... Il va nous apprendre quelque chose de nouveau sur le nazirat. Peut-être fera-t-il ressortir une idée sur la jeunesse toute différente de celle que précisément notre naziréen a combattue lorsque, devant sa propre image, il s'est senti triomphant mais insensé.

Michna : Samuel était naziréen selon le propos de Rabbi Nehoraï, car il est dit (Samuel, I, 1) : Et le rasoir (*morah*) ne touchera point sa tête...

Le problème de la Michna, très elliptiquement énoncé, est le suivant. Il existe tout un rituel selon lequel se prononcent les vœux du nazirat. Ils engagent immédiatement ; car on peut à tout moment mourir et se trouver empêché de tenir l'engagement pris. Le futur est présent et ne saurait s'ajourner (je ne peux, ici, entrer dans le sens de cette urgence, qui se dégage de bien des discussions du traité *Nazir*). Mais on peut aussi prononcer les vœux en disant simplement devant un naziréen qui passe devant vous : « Je veux être comme celui-ci. » On peut aussi dire : « Je veux être comme un tel. » Peut-on devenir naziréen en disant : « Je veux être comme Samuel ? » (Il s'agit du prophète Samuel sur lequel s'ouvre le Samuel I du canon biblique.) Oui, à condition que Samuel soit considéré comme naziréen. C'est de cela, précisément, que notre Michna traite. Dans le texte biblique, le mot naziréen n'est pas prononcé au sujet de Samuel. Rabbi Nehoraï pense, cependant, que Samuel était bel et bien un naziréen. Comment le sait-il ? Car il est dit (Samuel, I, 1, 11) : « Et le rasoir *(morah)* ne touchera pas sa tête. »

Singulier nazirat ! C'est la mère de Samuel qui, dans le texte biblique, fait le vœu : « Le rasoir ne touchera pas sa tête. » Samuel lui-même n'est pas encore conçu au moment où la promesse se fait. Vœu qui ne concerne que les cheveux. Pas un mot sur l'impureté, pas un mot sur la vigne. Mais tout se passe comme si le vœu prononcé par la mère comptait, comme si l'engagement personnel, librement pris — garantie de la spiritualité dans notre Occident philosophique — n'était pas la suprême investiture d'une vocation. Comme si, par-delà le culte de jeunesse, de la nouveauté, de l'engagement actuel que contient ce libéralisme, une haute destinée d'obligation pouvait commencer avant notre commencement, dans la valeur interne de la tradition. Voilà du moins ce qui est ici en question.

Pour démontrer que Samuel est un naziréen, comme s'il ne s'agissait là que d'un problème purement pratique : devient-on naziréen quand on a dit : « Je veux être comme Samuel ? », Rabbi Nehoraï raisonne par analogie :

> Or de Samson a été dit (Juges, 19, 5) le mot *morah* (rasoir). Tout comme le mot *morah* dit à propos de Samson indique le nazirat, dit à propos de Samuel il indique aussi le nazirat.

Samson, c'est là encore un naziréen engagé sans décision personnelle. Ce n'est même pas sa mère qui prononce les vœux, mais un messager du Seigneur ou un ange. Et un vœu qui est l'ordre de Dieu. Samson sera naziréen par volonté divine. Le nazirat de Samuel serait donc de la même espèce que celui de Samson. Un ange du Seigneur prononce des vœux à votre place, et vous voilà engagé ! Rien n'est plus scandaleux pour une conscience où tout doit commencer dans un acte libre et où la conscience de soi, achevant la conscience, est une suprême liberté. Or, le texte biblique relatif à Samson le nomme explicitement naziréen dès avant sa conception. L'ange dit à la mère de Samson : « Et maintenant, observe-toi bien, ne bois ni vin ni autre liqueur enivrante et ne mange rien d'impur. Car tu vas concevoir et enfanter un fils, le rasoir *(morah)* ne doit pas toucher sa tête, car cet enfant doit être un naziréen consacré à Dieu (à Elohim = Dieu en tant que Dieu de la stricte justice) dès le sein maternel » (Juges, 13, 4-5). Et plus loin, l'ange — ou l'envoyé du Seigneur — comme s'il se référait au statut du naziréen, interdit à la mère de manger « ce que produit la vigne » (Juges, 13, 14).

Samson aux cheveux longs serait-il aussi le prototype naziréen, tout comme le jeune berger aux boucles magnifiques de Siméon le Juste ? Samuel, que la tradition compare à Moïse et Aaron — n'est-il pas écrit (Ps., 99, 6) : « Moïse et Aaron étaient parmi ses prêtres et Samuel parmi ceux qui invoquaient son Nom : ils criaient vers l'Eternel, Il leur répondait » ? — Samuel doit-il être reconnu naziréen par analogie avec Samson ? Tous les deux voués à une vocation qu'ils n'auront pas choisie. Or, Samson, c'est un jeune. Toute sa tragédie est une tragédie de jeunesse, faite de fautes et d'amours de jeunesse. Que l'élévation du naziréen puisse trouver une norme dans le destin de Samson, cela nous amène à nous interroger plus avant sur les possibilités de la jeunesse et sur l'essence de la spiritualité. Nous voilà, semble-t-il, en dehors du sens que prête au nazirat Siméon le Juste. L'intervention de Rabbi Yossi est, dès lors, pleinement intelligible :

> Rabbi Yossi objecta : le mot *morah* ne signifie-t-il pas la peur inspirée par des êtres de chair et de sang ?...

Sans peur.

Morah signifierait peur et non pas rasoir, si on écrit ce mot hébraïque avec un *aleph* à la fin et pas avec un *hé* ! « Le rasoir ne touchera pas sa tête » deviendrait : « La peur ne sera jamais au-dessus de sa tête. » On peut d'ailleurs retrouver la même signification du verset, sans substituer un *aleph* au *hé*, en faisant dériver, selon la suggestion du commentateur Maharchaa, le mot *morah* de *marouth*, signifiant pouvoir et seigneurie. On traduira alors : « Et sur sa tête ne s'exercera jamais le pouvoir d'un autre. » Et alors, en effet, notre texte devient très significatif. Le naziréen se définirait, d'après Rabbi Yossi : celui qui n'a peur de personne ou, plus exactement, celui qui ne craint pas le pouvoir. Définition du naziréen ou définition du jeune ? Elles se recouvrent dans la personne de Samson. Définition de la jeunesse qui n'a pas encore été tentée aujourd'hui. Elle est tout de même meilleure que celle qui est si vague quand on évoque la « créativité », laquelle est presque aussi irritante et aussi usée que le mot « dialogue ».

Malheureusement, l'opinion de Rabbi Yossi est combattue :

> Rabbi Nehoraï répond : Mais n'est-il pas écrit : « Et comment irais-je, dit Samuel. Si Saül l'apprend, il me fera mourir. » Il a donc bel et bien connu la peur inspirée par un être de chair et de sang.

Rabbi Nehoraï, dans sa réponse, se réfère à un texte de Samuel I (16, 2). Quand Saül, contrairement à l'ordre donné par Samuel, épargne le roi d'Amalec Agag, le règne de Saül est virtuellement terminé aux yeux de l'Eternel ; Dieu envoie donc Samuel à Bethléem, afin d'y oindre roi l'homme qui lui aura été désigné. Ce sera David. Mais Samuel redoute cette mission. Si Saül l'apprenait, il le mettrait à mort. Et, texte surprenant, l'Eternel partage cette crainte !

Dieu n'aurait-il pas assez de puissance pour assurer la sécurité de son envoyé ? Il préfère enseigner une ruse à Samuel. La venue de Samuel à Bethléem se fera sous le prétexte d'une fête locale. L'Eternel pense probablement que le pouvoir a quelques droits et quelques raisons d'être. Il y a dans ce texte un recul devant le geste révolutionnaire. D'après Rabbi Nehoraï, du moins, ce n'est pas dans le courage téméraire et le mépris du pouvoir établi que réside le nazirat. Si nazirat et jeunesse vont ensemble, il ne faudrait pas réduire jeunesse à esprit révolutionnaire !

J'ai pourtant beaucoup aimé ce qu'a dit Rabbi Yossi et je suis sûr que sa position a plu à tout le monde ici. On peut même penser qu'elle a beaucoup plu aux docteurs de la Thora qui auraient pu ne pas reproduire ici une opinion réfutée. Elle est reproduite cependant. Contester le pouvoir au nom d'un absolu est une chose déraisonnable, mais audacieuse et noble. Faut-il dire : parce que le naziréen est consacré à Dieu, il n'a peur de personne, ou : parce qu'il n'a peur de personne, il est consacré à Dieu ? Les deux propositions ne sont pas équivalentes ! Quant à moi, je ne cherche pas le sens du terme — le plus compréhensible et le plus mystérieux — Dieu, dans quelque système théologique, j'essaierai de le comprendre à partir de la situation où apparaît un homme qui en vérité n'a peur de personne.

Il n'en reste pas moins que c'est Rabbi Nehoraï qui a le dernier mot.

Ce n'est pas, après tout, le courage et la contestation du pouvoir qui définissent le nazirat et la jeunesse. Avec le courage, on ne sait jamais où l'on va exactement. Il y a peut-être, dans cette intrépidité téméraire et dans sa violence, un élément d'orgueil et de facilité ; de cruauté sans doute. La juste violence ; alors qu'autour de nous tout est pitoyable créature ! Pensez au texte du traité *Sanhedrin*, 98 *b*, où Ullah et Rabah et Rabbi Yochanan[1] préfèrent ne pas connaître les temps messianiques pour ne pas assister aux violences dont le triomphe de la justice absolue devra s'entourer. Thème permanent. C'est peut-être à cela qu'a pensé Rabbi Nehoraï quand il a rappelé la peur qu'éprouva un jour Samuel en pensant à la vengeance du roi Saül, et l'Eternel notre Dieu tout-puissant qui aurait partagé cette peur pour ne pas identifier le nazirat avec la fin de la peur que peut inspirer le pouvoir humain.

---

1. Voir *Difficile liberté*, 2ᵉ éd., p. 107.

Méthdologie.

Guemara. — Rav a dit à Hiya, son fils : « Précipite-toi
et dis la bénédiction... »

J'en viens maintenant à la Guemara, où l'on voudrait trouver un commentaire de la Michna et où, de toute évidence, il est question d'autre chose. D'ailleurs, toute la Guemara de cette ultime Michna du traité *Nazir* est faite comme de morceaux choisis. Le début du texte se retrouve dans le traité *Berakhoth* et la fin de notre texte constitue la partie finale de trois traités : *Yevamoth, Berakhoth* encore, et *Nazir,* où nous sommes. La Guemara serait-elle ici de pur ornement, répondant au souci de terminer un traité de Halakha par quelques paroles haggadiques qui nous laissent rêveur ou qui nous inspirent de pieuses pensées ? Une telle manière de lire n'est pas à proscrire ; mais il n'est pas interdit d'être plus exigeant.

Demandons-nous donc quels sont les thèmes abordés par notre Guemara. Ils sont au nombre de deux : le premier concerne le mérite que l'on acquiert en prononçant une bénédiction — bénédiction sur le vin, dans notre exemple —, comparé au mérite que nous vaut le fait de répondre *Amen* en entendant la bénédiction. Lequel est plus grand ? Pensez comme cela est important ! Déjà j'entends l'exclamation de gens à courte vue, le fameux : « Soyons sérieux ! » Elle permet de ne pas entrer dans le propos de votre contradicteur quand il vous gêne, surtout quand il est trop élevé pour l'état physique de vos yeux. Savoir si le mérite du bénisseur dépasse le mérite de celui qui répond *Amen* ne serait absolument pas un problème sérieux pour un moderne qui a lu tant de livres ! Voire.

DU SACRÉ AU SAINT

Quant au deuxième thème évoqué par la Guemara, c'est, de toute évidence, une pieuse pensée, sans plus : les sages du Talmud prétendent faire régner la paix dans le monde :

> Rabbi Eléazar dit au nom de Rabbi Hanina : les docteurs de la Loi multiplient la paix dans le monde, car il est dit (Isaïe, 54, 13) : « Tous tes enfants seront les disciples de l'Eternel ; grande sera la paix de tes enfants. »

Voulez-vous que l'on s'interroge tout de même s'il n'y a pas quelque chose de sérieux dans cette frivole piété ! Deux problèmes surgissent : *a)* Que signifie cette Guemara ? *b)* Quel est le rapport intrinsèque de toute cette Guemara avec notre Michna ? Il y a même un troisième problème : le rapport entre tout cela et la jeunesse. Ce dernier problème met en cause celui qui a choisi ce texte pour le commenter devant vous.

Que signifie le texte : « Rav dit à son fils Hiya : attrape vite (la coupe) et dis la bénédiction. » On est en société. On apporte, pour prononcer une bénédiction sur elle, une coupe de vin. Qui va prononcer cette bénédiction ? Le père enseigne au fils : Saisis vite la coupe, prononce la bénédiction. Cela vaut mieux que de répondre *Amen* à la bénédiction prononcée par un autre. Et cet enseignement du père au fils doit être important. Rav Houna ne dit-il pas, à son tour à son fils : « Attrape vite (la coupe) et dis la bénédiction. »

D'où, après ces paroles à peine décentes dans leur apparent égocentrisme, la conclusion impossible de la Guemara : « Ce qui signifie : plus grand est celui qui dit la bénédiction que celui qui répond *Amen*. » Mais voici une difficulté. N'avons-nous pas une *braïtha* (c'est-à-dire une Michna qui n'est pas entrée dans le recueil de Rabbi Yehouda Hanassi) qui énonce : « Rabbi Yossi (le même Rabbi Yossi qui parle dans notre Michna) enseigna : Celui qui répond *Amen* est plus grand que celui qui dit la bénédiction. » Rabbi Yossi était donc partisan d'une doctrine où le mérite de celui qui dit *Amen* dépasse le mérite de celui qui dit la bénédiction. A quoi Rabbi Nehoraï — cette fois-ci en accord avec Rabbi Yossi, qui le contredisait dans notre Michna — ajoutait : « Par le Ciel ! Il en est bien ainsi. Sache que ce sont les fantassins qui ouvrent les hostilités et c'est aux troupes d'élite, qui apparaissent quand le combat se termine, que l'on attribue la victoire. » On connaissait donc déjà cela à l'époque : les pauvres soldats se font tuer ; les cadres supérieurs s'attribuent la victoire !

Mais quel rapport entre les fantassins et la bénédiction, entre les troupes d'élite et l'*Amen* ? Rapport tout à fait extérieur, semble-t-il : celui qui vient le dernier remporte la victoire, donc celui qui dit *Amen* emporte le mérite. Quelles histoires à dormir debout ! Quelles histoires de fou ! Quelle étrange logique qui fait passer de l'ordre des bénédictions à des images militaires. Cela n'est pas sérieux.

Je suis grandement aidé pour sortir de ce mauvais pas, par un commentateur du XVIIe siècle, dont les textes signés Maharchaa ont une grande autorité et figurent dans les bonnes éditions du texte même de la Guemara.

Voici son propos. Son langage — religieux — doit, certes, encore être interprété pour révéler le sens profane qu'il comporte en plus. Mais lire la Guemara est un déchiffrement permanent, et de plus un déchiffrement sans code.

Bénédiction et tiers monde.

La bénédiction serait un acte de première importance. Pouvoir manger et boire est une possibilité aussi extraordinaire, aussi miraculeuse, que la traversée de la mer Rouge. Nous méconnaissons le miracle que cela représente, parce que nous vivons dans cette Europe, pour le moment, pourvue en tout, et non pas dans un pays du tiers monde, et parce que notre mémoire est courte. Là-bas, on comprend que pouvoir manger à sa faim est la merveille des merveilles. Retourner, malgré tous les progrès de la civilisation, à l'état d'indigence en Europe nous est une possibilité, le plus naturellement possible, comme les années de guerre et des camps de concentration le prouvent. En vérité, l'itinéraire qui mène le pain, de la terre où il pousse, à la bouche qui le consomme, est des plus périlleux. C'est traverser la mer Rouge. Un vieux Midrach, conçu dans le même esprit, enseigne : « Chaque goutte de la pluie qui doit abreuver vos sillons est dirigée par dix mille anges pour pouvoir arriver à destination. » Rien de plus difficile que d'arriver à se nourrir ! De sorte que le verset : « Tu mangeras, tu seras rassasié et tu béniras » (Deut., 8, 10), n'est pas de pieux bavardage, mais la reconnaissance d'un miracle quotidien et de la gratitude qu'il doit produire dans les âmes. Mais l'obligation de la gratitude va plus loin. Selon une façon de dire qui est celle des rabbins, la bénédiction, suscite des anges favorables, intercesseurs capables de combattre les mauvais esprits qui s'interposent entre la nourriture et les affamés et qui guettent et créent toutes les occasions pour empêcher le pain d'arriver à la bouche. Figures d'une rhétorique révolue, tout cela ? A moins qu'il n'y ait là une description de la société charmante où nous vivons, société de la libre concurrence et des contradictions capitalistes.

Si on consent à cette dernière proposition, le rapprochement entre la bénédiction et le combat militaire se comprend mieux. Mais comment la bénédiction va-t-elle créer des combattants pour la bonne cause ? Ne restons pas dans les images ! Il est évident qu'on nous propose ici des luttes pacifiques : le problème du monde affamé ne peut se résoudre que si la nourriture des possédants et des pourvus cesse de leur apparaître comme leur propriété inaliénable, mais se reconnaît comme un don reçu dont on a à rendre grâce et auquel les autres ont droit. La pénurie est un problème moral et social et non pas seulement un problème économique. Voilà ce que notre texte nous rappelle à travers des histoires à dormir debout. Et on comprend, dès lors, que cette guerre intérieure et pacifique est à mener non seulement par moi qui, dans la bénédiction, renonce à la propriété, mais aussi par ceux qui répondent *Amen*. Il faut qu'une collectivité suive les individus qui prennent l'initiative du renoncement à leurs droits pour que les affamés puissent manger. Très importantes, donc, ces idées de nourriture et de lutte, tout ce matérialisme prolongeant les lois du nazirat.

Le rapprochement, si peu fondé en apparence, entre notre Guemara et notre Michna n'est pas dû à un souci quelconque d'entasser des textes homélitiques, ni au fait que les protagonistes de la Michna et de la *braïtha* citée par la Guemara sont les mêmes. Il nous enseigne qu'il faut qu'il y ait nazirat dans le monde — un foyer de désintéressement — pour que les hommes mangent. Faire manger ceux qui ont faim suppose une élévation spirituelle. Il faut que le nazirat soit possible pour que le tiers monde, pour que l'humanité dite sous-développée, puisse manger à sa faim ; pour que l'Occident, malgré son abondance, ne retourne au stade d'une humanité sous-développée. Et, inversement, nourrir le monde est une activité spirituelle.

Voilà donc une bonne raison pour rapprocher le thème du nazirat du thème de la bénédiction et de l'*Amen*. Que, dans la voie qu'est ce renoncement à ses droits, cette reconnaissance de la propriété non romaine, l'initiative de l'individu qui « attrape et bénit » l'emporte ou ne l'emporte pas en importance sur les masses qui l'imitent, ou suivent ou disent *Amen*, qu'importe : cela nous rend compréhensible le texte conciliateur mais ferme qui suit et qui rappelle la haute antiquité du problème :

> Ce problème fut en discussion entre les Tanaïtes. Il existe une *braïtha* : « Et celui qui bénit et celui qui dit *Amen*, tous les deux sont compris dans la récompense, mais celui qui bénit la reçoit le premier. »

L'étudiant de la Thora et la jeunesse.

Reste un dernier problème : l'au-delà de cette lutte pacifique, ou les conditions de son succès. Racheter le monde par l'intrépidité et le renoncement, racheter le monde par la bonté et la lutte — ne faut-il pas, pour y réussir, monter encore plus haut ? Le nazirat en reste-t-il à la vocation du prêtre, du héros et du réformateur social ?

C'est alors que se montre la figure qui, dans le judaïsme, est la plus haute : celle du *talmid-haham,* de l'étudiant de la Thora et celle du juge qui a étudié la Thora et qui l'applique. Il y a les docteurs de la Thora. Et, ici encore, le commentateur Maharchaa m'a beaucoup aidé. Ce qui est plus important encore que la bienveillance entre hommes, ou, selon les termes mêmes de Maharcha — et c'est un très beau langage, en vérité, probablement plus riche en sens que celui que j'en dégage ne laisse soupçonner —, ce qui est plus important que la création d'anges intercesseurs, c'est le juge qui réconcilie les hommes. Et Samuel et Samson étaient des juges. Nous l'oublions pour Samson : nous voyons toujours en lui le beau gaillard qui arrache le portail d'une ville et qui abat d'un coup de mâchoire d'âne une foule de Philistins.

La Bible dit : il fut juge en Israël pendant quarante ans. Pour être juge en Israël, il fallait qu'il ait connu la Loi orale. Il le fallait du moins aux yeux des Sages du Talmud. Il fallait aux yeux de ces sages que, par anachronisme, il fût mêlé aux discussions futures des Tanaïtes, des Amoraïm et des Gaonim. Il fallait en tout cas que, en esprit et en vérité, Samson soit *talmid-haham.* Derrière la jeunesse de l'intrépidité, derrière la jeunesse de la bienveillance, il y a la jeunesse de celui qui étudie la Thora et qui juge.

Pourquoi la jeunesse ? Parce que le texte s'exprime ainsi : « Tous tes enfants seront disciples de l'Eternel. » Les enfants d'Israël, les enfants de l'Éternel. La jeunesse équivaut à la condition de l'enfant, quel que soit l'âge de l'enfant ! La jeunesse, c'est l'état de réceptivité à l'égard de ce qui est permanent, et tout le contraire du « complexe du Père ». Les enfants d'Israël sont la jeunesse par excellence : les étudiants de la Thora. Ceux qui renouvellent la Thora en la recevant.

La citation du verset d'Isaïe (54, 13) : « Tous tes enfants seront disciples de l'Eternel, grande sera la paix de tes enfants », est suivie dans les traités *Berakhoth et Yevamoth,* où il est également évoqué, par la remarque suivante : « Il faut lire non pas "banaïch", tes enfants, mais "bonaïch", tes bâtisseurs » : grande est la paix de tes bâtisseurs. Recevoir en construisant. Apaiser le monde en le renouvelant constructivement, voilà la jeunesse du nazirat, voilà la jeunesse.

Plus vieux que toute vie et plus jeune que toute jeunesse.

Mais on peut faire un pas de plus, pour retrouver dans cet attachement à la Loi de la justice, rapprochée du nazirat, et dans l'idée du nazirat se référant au nazirat de Samson et de Samuel, pour retrouver dans la singulière ordonnance du texte qui rapproche tout cela, cette essence d'une jeunesse plus jeune que toute jeunesse. Samson et Samuel avaient été « consacrés » avant d'avoir germé dans les entrailles de leur mère. Ces deux nazirs n'ont pas commencé leur nazirat par leur propre décision, mais sur l'ordre de Dieu et par le vœu d'une mère. Qu'importe ! Ils ont commencé leur nazirat avant de naître. D'où une idée que, pour ma part, je trouve extraordinaire et que j'ai eu l'occasion de présenter au Colloque, à propos d'un autre texte : l'attachement au Bien précède le choix de ce Bien. Comment, en effet, choisir le Bien ? Le Bien est bien, précisément parce qu'il vous choisit et vous étreint avant que vous ayez eu le temps de lever les yeux sur lui. *Formellement,* il conteste ainsi votre liberté ; mais si nul n'est bon par liberté, personne n'est *esclave* du Bien. Précisément parce que l'autre qui nous commande ainsi est Bien, il rachète, par sa bonté, la violence faite à la « liberté » d'avant la liberté. Nous arrivons ainsi à l'idée d'une consécration — d'un nazirat — plus ancien que notre âge du choix. Le naziréen absolu est plus vieux que sa vie. Extraordinaire vieillesse ! Mais ainsi le naziréen absolu porte, à travers toute sa vie, la marque d'une jeunesse inimaginable, d'une jeunesse d'avant la jeunesse, d'une jeunesse d'avant tout vieillissement. Quel anachronisme dans les enfants d'Israël ! Le nazirat, ce n'est pas la jeunesse du commencement, c'est la jeunesse préoriginelle, d'avant l'entrée dans le temps de l'histoire. « Les enfants de cette tribu comptent pour le recensement avant d'avoir de l'âge, dès leur présence dans les entrailles de leur mère », nous dit le passage du *Midrach Tanhouma* relatif à Nombres, 3, 15 et qui figure aussi dans *Berechith Rabba,* 94, 1. Il s'agit, dans ce passage, de la tribu de Lévi où naissent les prêtres et les consacrés à l'Eternel. Il s'agit de leur jeunesse absolue d'avant le temps du monde.

Mais cela, Mesdames et Messieurs, ce n'est pas uniquement la jeunesse des lévites et des naziréens, c'est la jeunesse d'Israël.

III

TRAITE *SANHEDRIN*, pp. 67 *a*-68 *a*

MICHNA.

« Le séducteur », c'est celui qui dit : « Allons et livrons-nous au culte des étoiles ». Le sorcier, s'il exerce une activité, est passible de sanctions, mais non point s'il fait seulement illusion. Rabbi Aquiba, au nom de Rabbi Yehochoua : Deux personnes cueillent des concombres ; l'une d'entre elles est passible de sanctions, l'autre est absoute ; celle qui exerce l'acte est passible de sanctions, celle qui en donne l'illusion est absoute.

GUEMARA.

« Le séducteur. » Rav Yehouda déclara au nom de Rav : « Il s'agit ici d'un séducteur dans une ville infidèle » (cf. Deut., 13, 14).
« *Le sorcier, s'il exerce une activité*, etc. Il existe une *braïtha* : « sorcière », qu'il soit homme ou femme ; mais on le désigne par « sorcière », car la plupart des femmes s'occupent de sorcellerie.
Comment faut-il les exécuter ?
Rabbi Yossi le Galiléen dit : Il est écrit ici (Ex., 22, 18 ; : « La sorcière, tu ne la laisseras pas vivre »

et il est dit là (Deut., 20, 16) : « Tu ne laisseras pas (vivre) subsister une âme ». Comme là par l'épée, de même ici par l'épée.

Rabbi Aquiba a dit : Il est écrit ici (Ex., 22, 18) : « La sorcière, tu ne la laisseras pas vivre » et il est écrit là (Ex., 19, 13) : « On doit le lapider... homme ou bête, ils cesseront de vivre ». Comme là-bas par lapidation, de même ici par lapidation.

Rabbi Yossi lui dit : Moi, je tire argument de l'égalité des termes : « tu ne laisseras pas vire » et toi, tu tires argument de « tu ne laisseras pas vivre » et de « il cesserait de vivre » (de termes inégaux).

Rabbi Aquiba répondit : Je tire argument pour un israélite d'israélites pour qui l'Ecriture prévoit diverses formes de mort. Toi, tu tires argument pour un israélite d'idolâtres pour qui l'Ecriture n'a prévu qu'une seule forme de mort.

Ben Azaï dit : Il est dit « La sorcière, tu ne la laisseras pas vivre » (Ex., 22, 18), et aussitôt après : « Quiconque aura un commerce avec un animal sera mis à mort » (Ex., 22, 19). Les deux affaires sont rapprochées. Or celui qui a un commerce avec un animal doit être lapidé ; donc la sorcière aussi.

Rabbi Yehouda répliqua : Que les deux affaires soient rapprochées, est-ce là une raison pour ne pas exclure la sorcière de la lapidation ? Le vrai raisonnement, le voici : Ov et Yidoni (évocateurs de morts et faiseurs de sortilèges) appartiennent au genre des sorcières. Pourquoi les a-t-on mentionnés à part ? (Deut., 18, 10). Pour raisonner par analogie : tout comme Ov et Yidoni sont punissables de lapidation (Lév., XX, 27), de même les sorciers.

Mais on peut objecter à Rabbi Yehouda ceci : contre Ov et Yidoni, deux versets nous enseignent la même chose. Or, de deux versets enseignant la même chose, on ne peut rien tirer. Rabbi Zekharia répondit : Cela indique précisément que, selon Rabbi Yehouda, deux versets disant la même chose sont enseignants.

. . . .

Rabbi Yohanan dit : « Pourquoi l'appelle-t-on *kechafim* (sorcellerie) ? – Parce qu'elles contestent l'Assemblée d'en Haut (*Makhichin Famalia chel Maala*). « L'Eternel seul est Dieu ; il n'en est point d'autre » (Deut., 4, 35).

Rabbi Hanina dit : Cela concerne même la sorcellerie ; histoire d'une femme qui allait ramasser la poussière de dessous les pas de Rabbi Hanina. Il lui dit : Si tu peux, va, fais-le. Car il est écrit : « Il n'en est point d'autre » (Deut., 4, 35). Comment est-ce possible ? Rabbi Yohanan n'a-t-il pas dit : « Pourquoi l'appelle-t-on sorcellerie ? Parce qu'elles contestent l'Assemblée d'en Haut ? » Pour Rabbi Hanina, il en était autrement, car il eut beaucoup de mérites.

Rabbi Aybou bar Nagari dit au nom de Rabbi Hiya bar Abba : Faite par *Latehem* (cf. par exemple Ex., 7, 22), l'action magique est action de démons ; faites par *Lahatehem*, l'action magique est affaire de sorcellerie. N'est-il pas dit « la lame de l'épée flamboyait (en se retournant : *Lahat hacherev hamithapechet*) » ? (Genèse, 3, 24.)

Abayé dit : Quand le sorcier tient avec rigueur à un matériel déterminé, la magie se fait par démons ; sinon, c'est de la sorcellerie.

Abayé dit : La *halacha* sur la sorcellerie ressemble à la *halacha* sur le Shabbat. Il y a des actes qui sont passibles de lapidation, il y en a qui ne sont pas punissables, mais sont interdits ; il y en a qui, dès le départ, sont autorisés. Celui qui exerce un acte est lapidé, celui qui donne l'illusion n'est pas punissable mais accomplit un acte interdit; il y a l'acte dès le départ autorisé : comme celui des Rabbi Hanina et Rabbi Uchia qui, toutes les veilles de Shabbat, étudiaient la doctrine de la Création, créaient un veau au tiers de sa maturité et le consommaient.

Rav Achi conta : J'ai vu une fois Abhou de Karna se moucher et sortir des balles de soie de ses narines.

Alors les magiciens dirent au pharaon (Ex., 8, 15) : « Le doigt de Dieu est là. » Rabbi Eliezer dit : De là nous apprenons que le démon ne peut pas créer un être plus petit qu'un grain d'orge.

Rav Papa dit : Par Dieu, il ne peut pas créer même un être de la grandeur d'un chameau, mais il est à même de l'assembler; et non point ceux qui sont plus petits qu'un grain d'orge.

Rav racontait à Rabbi Hiya : j'ai vu un jour un Arabe découper un chameau avec son épée. Là-dessus, il battit tambour devant lui – et le chameau ressuscita. Rabbi Hiya répliqua : As-tu trouvé (après cette opération) sang et fumier ? Ce n'était qu'une illusion.

Zeeri vint un jour à Alexandrie en Egypte et s'acheta un âne. Quand il voulut le faire boire, la sorcellerie se rompit et il se trouva assis sur une planche de passerelle. Alors les autres lui dirent : Si tu n'étais pas Zeeri, nous ne te rendrions pas l'argent, car, ici, il n'y a personne qui achète sans éprouver par l'eau son achat.

Un jour, Yanaï vint dans une auberge et demanda de l'eau à boire. Lorsqu'une femme lui tendit de la *chetitah*, il s'aperçut que ses lèvres remuaient. Il en versa un peu par terre : c'étaient des scorpions. Alors il leur dit : J'ai bu du vôtre, buvez du mien. Quand elle eut bu, elle se transforma en âne. Il monta sur l'âne et sortit ainsi dans la rue. Là une amie de la femme rompit la sorcellerie et on vit Yanaï à cheval sur une femme.

« Et la grenouille monta et couvrit toute la terre

d'Egypte... » (Ex., 8, 2.) Rabbi Elazar dit : il n'y eut qu'une grenouille, mais elle proliféra et remplit toute la terre d'Egypte. C'est une discussion qu'eurent déjà les Tanaïtes ; Rabbi Aquiba dit : il n'y eut qu'une grenouille qui remplit tout le pays d'Egypte. Rabbi Eliezer ben Azaria lui répliqua : Aquiba, Aquiba, pourquoi te mêles-tu de Aggada, finis ton propos et tourne-toi vers les problèmes de lèpre et de tentes. Il n'y eut qu'une grenouille, mais elle a sifflé toutes les autres et elles vinrent.

Rabbi Aquiba dit..., etc. C'est donc Rabbi Yehochoua qui enseigna la chose à Rabbi Aquiba. Or nous avons une *tosseftah* : Lorsque Rabbi Eliezer tomba malade, Rabbi Aquiba et ses compagnons vinrent le visiter. Lui se tenait dans son alcôve, eux dans le vestibule. C'était veille de Shabbat. Hurkenot, son fils, entra pour enlever ses *tefilin*. Rabbi Eliezer se fâcha contre lui et celui-ci s'éloigna sous la colère du père. Il dit alors à ses compagnons : On dirait que le père a perdu la raison. Rabbi Eliezer réplique : C'est le fils et la mère qui ont perdu la raison ; ils se désintéressent de l'interdit qui menace de lapidation et se préoccupent de ce qui simplement ne convient pas à un jour solennel. Lorsque les docteurs de la Loi virent que sa raison est entière, ils entrèrent et s'assirent à distance de quatre coudées.

Il leur dit : pourquoi êtes-vous venus ? Ils répondirent : Pour étudier la Thora. Il leur dit : Et jusqu'à présent pourquoi n'êtes-vous pas venus ? Ils répondirent : Nous n'avions pas le temps. Il leur dit : Je serais étonné si vous deviez mourir de mort naturelle ! Rabbi Aquiba dit : Et moi ?

Il répondit : Ton sort est plus dur que le leur. Il mit ses deux bras sur son cœur et dit : Malheur à vous. Mes deux bras ressemblent à deux rouleaux de la Thora fermés. J'ai appris beaucoup de Thora et j'en ai beau-

DÉSACRALISATION ET DÉSENSORCELLEMENT

coup enseigné. J'ai appris beaucoup de Thora et je n'ai pris chez mes maîtres que ce qu'un chien prend en léchant la mer ; j'ai enseigné beaucoup de Thora, mais mes élèves ne m'ont pris que ce qu'une pointe enlève à un pot de couleur. Plus encore : j'enseigne trois cents enseignements sur la lèpre blanche et il n'y eut personne qui me les ait demandés, et j'enseigne trois cents enseignements – quelques-uns disent trois mille enseignements – sur la plantation des concombres et jamais personne ne me les a demandés en dehors de Aquiba fils de Joseph. Un jour nous étions en route, il me dit : Maître, enseigne-moi sur la plantation de concombres. J'ai dit un mot et le champ se remplit de concombres. Il me dit : Maître, tu m'as appris leur plantation, apprends-moi leur déracinement. J'ai dit un mot et ils se sont amassés en un seul endroit.

Alors ils (les sages venus en visite chez Rabbi Eliezer) dirent : Qu'en est-il du ballon, de la forme, de l'amulette, de la poche à perles et du petit poids ? Il répondit : Ils prennent l'impureté et doivent être purifiés tels quels.

– Et pour la chaussure qui est sur la forme, qu'en est-il ? Il dit : Elle reste pure. Et son âme sortit dans la pureté (comme il prononçait le mot « pur »).

Rabbi Yehochoua se leva et dit : L'interdiction est levée, l'interdiction est levée !

A l'issue du Shabbat, Rabbi Aquiba a rencontré le cercueil de Rabbi Eliezer sur la route allant de Césarée à Loud. Il se frappait la poitrine jusqu'au sang. Devant la rangée (des personnes menant le deuil) il prit la parole : Mon père, mon père, char d'Israël et ses cavaliers ! J'ai beaucoup d'argent, mais il n'y a pas de changeur pour me le changer.

C'est donc de Rabbi Eliezer qu'Aquiba l'apprit. Rabbi Eliezer certes, le lui apprit, mais il ne le lui a pas rendu intelligible. Alors, à nouveau, il l'a appris chez Rabbi Yehochoua, qui l'avait rendu compréhensible.

Mais comment a-t-il pu faire ainsi ? N'avons-nous pas appris : celui qui exerce l'acte est passible de sanctions ? Il en est autrement quand c'est pour apprendre. Le Maître a dit en effet : Deut., 18, 9) « N'apprends pas à faire des abominations ». Tu ne dois pas apprendre à les faire, mais tu dois apprendre pour comprendre et pour enseigner.

DÉSACRALISATION ET DÉSENSORCELLEMENT.

Le sacré et le saint.

The earth hath bubbles, as the water has...
(SHAKESPEARE, *Macbeth* I, 3)

Je n'insisterai pas sur mon incompétence devant les textes que j'ai à commenter. Je pense très sincèrement que la science juive s'est beaucoup développée en France ; la pensée juive est enseignée partout, et par conséquent je ne suis pas du tout sûr d'être à la hauteur de la tâche que j'ai acceptée par tradition, tradition de douze colloques. Je vous prie donc d'être extrêmement indulgent à mon égard.

Je n'ai pas eu non plus la possibilité, vous le pensez bien, d'étudier tous les textes talmudiques qui concernent le sacré. Mais, ce qui est plus grave encore, dans celui-là même que j'ai choisi il ne semble pas être question du sacré. Il est d'ailleurs très insolite, malgré les euphémismes

DÉSACRALISATION ET DÉSENSORCELLEMENT

apportés à la traduction qui est devant nous. Je ne sais pas si le professeur Baruk, qui nous fait l'honneur de présider cette séance, acceptera ma manière de commenter ; elle a pour elle les habitudes du colloque et l'habitude de quelques-uns de nos auditeurs. Que les autres n'en soient pas scandalisés.

La Michna ne parle pas du tout du sacré. En travaillant ce texte, qui est le meilleur texte talmudique, bien entendu — comme le sont toujours ceux que l'on travaille —, j'ai été cependant amené à l'idée qu'il pourrait très bien convenir aujourd'hui.

Je me suis toujours demandé si la sainteté, c'est-à-dire la séparation ou la pureté, l'essence sans mélange que l'on peut appeler Esprit et qui anime le judaïsme — ou à laquelle le judaïsme aspire — peut séjourner dans un monde qui ne serait pas désacralisé. Je me suis demandé — et c'est là le vrai problème — si le monde est assez désacralisé pour accueillir une telle pureté. Le sacré, en effet, est la pénombre où fleurit la sorcellerie que le judaïsme a en horreur. L' « autre côté », le verso ou l'envers du Réel, le Néant condensé en Mystère, bulles du Rien dans les choses — « mine de rien » des objets quotidiens —, le Sacré se pare du prestige des prestiges. La Révélation refuse ces mauvais secrets. Refus dont témoignent, notamment, ces pages 67 *a*-68 *a* du Traité *Sanhedrin*. Ces textes, par leurs définitions de la sorcellerie — ils en suggèrent plusieurs —, permettent peut-être de distinguer le Saint du Sacré, par-delà les ressemblances formelles ou structurelles évoquées ici ce matin quand on tentait de dénoncer et de déplorer la dégénérescence du sacré dans le monde moderne.

La sorcellerie, cousine germaine, sinon sœur du sacré — parente un peu déchue mais qui, dans la famille, profite des relations de son frère, reçu dans le meilleur monde —, la sorcellerie est la maîtresse de l'apparence.

La société véritablement désacralisée serait donc une société où s'arrêterait ce manège impur de la sorcellerie, diffuse partout, qui fait vivre plutôt qu'elle n'aliène le Sacré. La véritable désacralisation tenterait de séparer positivement le vrai de l'apparence, peut-être même de séparer le vrai de l'apparence *essentiellement* mêlée au vrai. C'est dans cette perspective — je ne veux pas d'autre introduction — que le texte à commenter touche de près au sujet de notre colloque.

Sorcellerie et profits.

Dans la *Michna*, je laisse tomber la première phrase, qui ne sera pas développée dans le passage traduit et qui ne concerne pas notre problème. Commençons ici :

> Le sorcier, s'il exerce une activité, est passible de sanctions...

Il est passible de sanctions si l'acte de sorcellerie entre dans le circuit d'une activité ayant une finalité débordant le simple jeu d'illusions,

> ... mais non point s'il fait seulement illusion ». Rabbi Aquiba, au nom de Rabbi Yehochoua, a dit : « Deux personnes cueillent des concombres : l'une d'entre elles est passible de sanctions, l'autre est absoute : celle qui exerce l'acte est passible de sanctions, celle qui en donne l'illusion, est absoute.

La Michna — qui ne prendra tout son sens qu'à travers l'amplification du problème qu'aura suscitée la Guemara à travers les questions nouvelles que vont soulever ses propres questions et à travers les sens non-dits qui vont apparaître dans le sens qu'elle dit — distingue entre la sorcellerie qui procure des illusions et celle qui procure du profit. Dans l'exemple cité, il s'agit d'un sorcier qui n'est pas très exigeant : il ne spécule pas sur un produit très cher, c'est un pauvre sorcier qui produit des concombres dans un champ. En rester à l'illusion ne tire pas à conséquence ; mais si le sorcier *cueille* les concombres, si l'illusion arrive à s'intégrer dans un processus économique — et la vie économique moderne est après tout le lieu privilégié de la cueillette de concombres illusoires et de gros profits qui s'attachent à une telle moisson —, la sorcellerie devient un acte criminel. Elle est passible de sanctions. De quelles sanctions ? Question qui importe non pas à notre curiosité de juristes, mais à la détermination des rangs métaphysiques de la sorcellerie et de la famille à laquelle elle appartient. Cela se montrera, non pas dans la nature de la sanction, mais dans la façon dont le Talmud l'aura découverte. On le verra tout de suite.

Pourquoi sorcière ?

J'aborde maintenant la Guemara. Passons sur la première phrase relative au petit bout de la Michna, étranger à notre thème. Lisons la suite :

> Le sorcier, s'il exerce une activité, etc.
> Il existe une *braïtha* : le texte dit « sorcière » que ce soit homme ou femme ; mais on dit « sorcière », car la plupart des femmes s'occupent de sorcellerie.

Dans le verset biblique condamnant la personne adonnée à la sorcellerie, cette personne est nommée sorcière (Ex., 22, 18). On ne saurait prendre ce texte de la Guemara à la lettre. Sarah ne s'occupait pas de sorcellerie, ni Rebecca, ni Rachel, ni Léa, ni Ruth, ni Bethsabée. Soyez tranquilles pour la dignité de la femme biblique. Soyez tranquilles pour la dignité du féminin en soi.

Il n'en reste pas moins vrai que, partout où les hommes dominent la société, une certaine équivoque s'attache à l'humanité de la femme : elle est spécialement évocatrice de la sexualité et de l'érotisme, doublant en quelque façon son humanité dans une ambiguïté — ou dans l'énigme — de sublimation et de profondeur, de pudeur et d'obscénité. On peut certes se demander si cette domination masculine est purement contingente, et si l'émancipation de la femme ne signifie pas son entrée — à part entière, bien entendu — dans une société où cependant les hommes auront fixé la forme d'une universalité plus signifiante que la sexualité et où ils auront défini un humain sexuellement neutre qui ne réprime pas le sexuel. Laissons ces questions théoriques. Dans notre société, pour avancée qu'elle soit, la femme circule maquillée et, en l'espèce, l'apparence équivaut, en pleine conscience, à l'*être*. Les « réunions d'affaires » se distinguent de celles où les femmes sont admises en tant que femmes ; un au-delà y prolonge le champ rigoureux de la présence : l'impossible s'y donne et le dit se dédit en se disant ; l'Illusion — métaphore, euphémisme, litote — s'associe au Réel et le charme.

Charme ou latent glissement du Sens, naissance de la duplicité même, de l'expression reniant la pensée : la grâce du visage, déjà s'altérant en horrible rictus de sorcières dans leurs repaires de *Macbeth* et du *Faust*, où les propos fusent, incapables de contenir un sens identique, et se perdent en allusions, en rimes sans raison, en ricanements, en non-dit.

C'est à partir d'une certaine dégradation du féminin — mais chaque essence est responsable de ses modes propres de dégradation — qu'opérerait le charme de la sorcellerie : apparence au *cœur même* du vrai, dissolution du vrai par les ressources insaisissables de l'apparence, le non-vrai accueilli dans son irréalité comme trace du surréel ; les équivoques senties comme des énigmes ; et, dans la « bagatelle », ressentie comme extase du Sacré, la loi suspendue.

Les sorciers, il ne faut pas les laisser vivre ! Mais nous trouverons, à travers la déduction de la nature du supplice qu'ils méritent, les modalités du sacré qu'évoquaient ce matin Emile Touati et ses interlocuteurs. En sollicitant les textes, bien entendu, mais ce sont des textes qui sollicitent la sollicitation ; sans quoi ils restent muets ou incongrus.

L'essence de la sorcellerie.

Comment faut-il les exécuter ? Rabbi Yossi le Galiléen dit : Il est écrit ici, (Ex., 22, 18) : « La sorcière, tu ne la laisseras pas vivre » et là (Deut., 20, 16) : « Tu ne laisseras pas (vivre) subsister une âme » Comme là par l'épée, de même ici par l'épée.

Dans le Deutéronome et l'Exode se retrouve en effet la même expression : « Tu ne laisseras pas vivre ». Analogie de l'expression qui impliquerait la même sanction. Or, dans la législation de la Thora, les docteurs distinguent quatre manières de la mise à mort : par lapidation, par le feu, par l'épée, par strangulation. Que les âmes sensibles me pardonnent, mise à mort rarement appliquée. Un Sanhedrin qui aurait mis à mort un accusé une fois en sept ans mériterait l'appellation de malfaisant, dit le Traité *Makoth* (p. 7 *a*). Rabbi Eliezer ben Azariya dit : « Il mériterait cette appellation même s'il prenait une telle sentence une fois en soixante-dix ans. » Rabbi Tarfon et Rabbi Aquiba disent : « Pendant tout le temps où nous siégions au Sanhedrin, nul n'a été mis à mort. »

Mais les fautes passibles de mort existent et la même forme de supplice permet de rapprocher des fautes et de dégager la signification essentielle des actes. Rabbi Yossi le Galiléen dit que la sorcière doit périr par l'épée. Pourquoi ? Parce que dans le Deutéronome la formule « Tu ne laisseras pas vivre » concerne la fameuse extermination par l'épée des peuplades cananéennes « vomies par la terre à cause de leurs abominations », selon le propos des Ecritures, où l'inspiration morale me semble plus certaine que le témoignage historique. Ces cruautés — lapidation, feu, épée, strangulation — ne sont désormais qu'un langage nécessaire au maintien de la différence qui oppose Bien et Mal et distingue Mal et Mal. Il ne faut pas qu'elle s'efface dans le style onctueux et bénisseur du « tout comprendre » et du « tout pardonner », qui ressemble précisément à un ronron. Il faut donc exécuter par l'épée les sorciers, d'après Rabbi Yossi le Galiléen. Peut-être. Ce qui est beaucoup plus intéressant, c'est la catégorie à laquelle, d'après ce docteur, s'assimile la sorcellerie. Et, pour nous, le Sacré dont elle procède : la sorcellerie appartiendrait à la civilisation des peuples pervers (historiquement pervers ? Qu'importe. Je me place pour la compréhension du sens devant la conjoncture des données telles que le texte les veut). Peuples à tel point pervers que la terre les vomit. La sorcellerie serait donc un phénomène de perversion, absolument étrangère au judaïsme lui-même. C'est le sacré des autres !

> Rabbi Aquiba a dit : ... Il est écrit ici : (Ex., 22, 18) « La sorcière, tu ne la laisseras pas vivre », et il est écrit là : (Ex., 19, 13) « On doit le lapider, homme ou bête, ils cesseront de vivre ». Comme là-bas par lapidation, de même ici par lapidation.

Le doux Rabbi Aquiba, qui au Sanhedrin n'a jamais condamné personne à mort ! Mais l'essentiel est dans le rapprochement des textes : l'ouverture d'un site moral sur l'autre, l'éclairage d'un paysage par l'autre. Dans l'Exode, 19, 13, la lapidation menace les israélites, qui, assemblés au pied du Sinaï, risquent de dépasser les limites où ils doivent se tenir au moment de la Révélation. Comme l'expression employée dans l'Exode, 22, 18, « Tu ne la laisseras pas vivre », relative à la mise à mort de la sorcière, ressemble à « Ils cesseront de vivre » se rapportant aux imprudences des israélites rassemblés au pied du Sinaï menacés de lapidation, la lapidation devrait aussi frapper la sorcière. Rabbi Aquiba exige pour elle une mort beaucoup plus cruelle que Rabbi Yossi. Le doux Rabbi Aquiba ! Mais le rapprochement des textes est instructif. Il nous apporte une deuxième interprétation de l'illusionnisme profiteur de la sorcière : ce n'est pas un phénomène étranger, c'est la tentation du peuple appelé à la Révélation. La sorcellerie, c'est le fait de regarder au-delà de ce qu'il est possible de voir. C'est, par-delà les limites où il faut se tenir à l'approche de la vérité, sortir des limites et ne pas s'arrêter à temps. Ce sont les servantes qui voient plus que leurs maîtresses ; je fais allusion à un Midrach où la servante est fière d'avoir vu le roi, alors que la princesse, qui passa appuyée sur le bras de la servante, avait fermé les yeux — mais avait été beaucoup plus proche de la majesté du roi, par ce non-regard, que la servante qui regardait. La sorcellerie, c'est la curiosité qui se manifeste là où il faut baisser les yeux, l'indiscrétion à l'égard du Divin, l'insensibilité au mystère, la clarté projetée sur ce dont l'approche demande de la pudeur, certaines formes du « freudisme », peut-être aussi certaines exigences de l'éducation sexuelle, peu soucieuses du langage inouï que demande une telle éducation, certaines formes enfin de la vie sexuelle elle-même ; peut-être, même, certaines exigences de la « science pour tous ».

Dès lors, polémique :

> Rabbi Yossi lui dit : Moi, je tire argument de l'égalité des termes « Tu ne laisseras pas vivre », et toi tu tires argument de « Tu ne laisseras pas vivre »... que tu rapproches de « Et il cesserait de vivre ».

L'analogie en effet n'est pas rigoureuse entre les termes des deux textes :

> Rabbi Aquiba répondit : « Je tire argument pour un israélite d'israélites pour qui l'Ecriture prévoit diverses formes de mort ; toi, tu tires argument pour un israélite d'idolâtres pour qui l'Ecriture n'a prévu qu'une seule forme de mort.

Rabbi Aquiba reconnaît ici que le sens de son argument consiste précisément à ne pas comprendre la sorcellerie comme une perversion païenne. C'est une perversion du peuple saint lui-même. La sorcellerie ne vient pas de mauvaises influences ; elle est la démesure du savoir lui-même, l'au-delà de ce que l'on peut supporter dans le vrai, l'illusion qui résulte du vrai insupportable et qui tente du fond même du vrai ; perversion juive, c'est-à-dire perversion de tous ceux qui peuvent s'élever au vrai, de tous ceux qui s'assemblent au pied du Sinaï.

> Ben Azaï dit : Il est dit : « La sorcière, tu ne la laisseras pas vivre » (Ex., 22, 18) et aussitôt après : « Quiconque aura un commerce avec un animal sera mis à mort » (Ex., 22, 19). Les deux affaires sont rapprochées. Or celui qui a un commerce avec un animal doit être lapidé ; donc la sorcière aussi.

Ici la preuve est tirée, non pas de l'analogie entre les expressions, mais du voisinage des versets. La sorcellerie découle du vice. Ni civilisation perverse ni curiosité sans frein. Les docteurs de la Loi savent que le vice constitue une catégorie irréductible à aucun autre mal, qu'il pose à l'humanité un problème à part, crevant le plafond des solutions universelles, se moquant de la justice sociale. Vous connaissez sans doute l'étrange Midrach du Traité *Sanhedrin* que Rachi reprend dans son commentaire de Genèse, 8, 7 : le corbeau que Noé envoie hors de l'arche, pour savoir si les eaux diminuent sur la terre, se refuse à quitter l'arche ; il ne veut pas laisser sa femelle seule avec Noé. Un monde nouveau où la justice va enfin régner est-il possible ? Quelqu'un dans l'Arche de Noé en doute. La justice que l'on peut à la rigueur espérer d'une révolution résoudra-t-elle le problème que pose le vice ?

> « Rabbi Yehouda répliqua : Que les deux affaires soient rapprochées, est-ce là une raison suffisante pour ne pas exempter la sorcière de la lapidation ? »

Est-ce la voix de la miséricorde que l'on entend enfin ? Rabbi Yehouda semble dire : va-t-on lapider une femme à cause de deux versets rapprochés ? Ne soyons pas optimistes : Rabbi Yehouda n'entend pas épargner la sorcière ; il lui faut pour l'exécuter une meilleure raison, voilà tout. Ou plutôt il recherche ailleurs l'essence de la sorcellerie.

> Le vrai raisonnement, le voici : Ov et Yidoni (« nécromanciens » et faiseurs de sortilèges) appartiennent au genre des sorcières. Pourquoi (Deut., 18, 10) les mentionner à part ? Pour raisonner par analogie : tout comme Ov et Yidoni sont punissables de lapidation (Lév., XX, 27), de même les sorciers.

La sorcellerie est un genre dont nous connaissons l'espèce, et le traitement infligé à ceux de l'espèce — la lapidation — s'étend au genre. Voilà pour le côté formel de l'argument. Qu'enseigne-t-il sur la sorcellerie ? L'espèce qui renseigne sur le genre englobe ici les nécromanciens. Nous les connaissons par l'histoire du roi Saül, qui a commencé par purifier son royaume, selon l'exigence de l'Exode, en exterminant la sorcellerie, y compris celle des nécromanciens. Il s'est trouvé vers la fin de son règne dans l'obligation de recourir à leur pouvoir ; la chute de Saül est marquée par son recours au mal qu'il avait lui-même conjuré : une nécromancienne — *Echeth baalath Ov* (Samuel, I, 28, 7) — fait sortir, sur la demande de Saül, le prophète Samuel du royaume des morts et le roi l'interroge sur l'avenir qui l'attend. Ov et Yidoni, voués à la lapidation, ce sont donc ceux qui interrogent les morts : les esclaves de la tradition. Nouvelle forme de dégradation du sacré : le sacré de l'intangible passé. Mais peut-être aussi, dans la recherche des présages, le Sacré de ceux qui font tourner les tables et qui demandent des horoscopes ; le Sacré le plus grossier, le Sacré de la superstition et du spiritisme ; le spiritualisme spirite.

DÉSACRALISATION ET DÉSENSORCELLEMENT

Pouvoir sur l'homme.

Mais, dès lors, problème philosophique : comment une dégradation est-elle possible ? Comment la sainteté peut-elle se confondre avec le sacré et virer en sorcellerie ? Comment le sacré peut-il se transformer en ensorcellement, en puissance sur les hommes ?

> Rabbi Yohanan dit : Pourquoi la sorcellerie est appelée *kechafim* ? Parce qu'elle conteste l'Assemblée d'en Haut.

Si vous écrivez en effet en hébreu la formule : « Ils contestent l'Assemblée d'en Haut », *makhichin famalia chel maala,* vous y trouverez les lettres *k, ch, f, m,* formant le mot *kechafim* (on ne s'occupe pas de voyelles !), qui signifie sorcellerie. Rapprochement, certes, qu'aucune étymologie sérieuse ne saurait justifier, mais énoncé d'une idée intéressante : le sens de la sorcellerie serait une contestation de l'ordre le plus haut. Contestation de l'Absolu. Le diabolique, le luciférien *non.* Le magicien dit *non* à l'ordre le plus haut. Mais comment est-ce possible ? D'où viendrait ce *Non,* dans le *Oui* de l'Absolu ? Rien n'est hors de lui pour s'opposer à lui. La folle idée que celle d'un sacré qui se dégrade ! Cela n'a jamais été l'Absolu, c'est son simulacre ! Comment la suprême présence se serait-elle écartée d'elle-même ? Spinoza nous apprend bien la voie de la pensée qui ramène à Dieu, mais il n'a jamais su montrer comment Dieu s'éloigne de lui-même pour laisser une place à une connaissance du premier genre qui remplace son idée. A moins que la sorcellerie — désacralisation du sacré — n'ait quelque mode d'existence inédit, entre l'être et le néant, dans la folie des têtes humaines.

Elle n'est rien pour la personne ou la civilisation qui avaient atteint au sacré véritable — à la sainteté — au service du Plus Haut. Elle ne les menace pas. Elle ne les tente pas.

C'est précisément cette position que défend Rabbi Hanina.

Il n'y a pas de sorcellerie...

Rabbi Hanina dit (Deut., 4, 35) : L'Eternel seul est Dieu ; et il n'en est point d'autre.

Il n'y a pas d'autre Dieu ; il n'y a pas d'autre de Dieu, ce que la tradition a toujours lu : en dehors de Dieu, il n'y a rien d'autre. Il n'y a rien d'autre, Dieu est la seule réalité.

Et Rabbi Hanina dit : Cela concerne même la sorcellerie...

Il n'y a pas de sorcellerie !

... Histoire d'une femme qui allait ramasser la poussière de dessous les pas de Rabbi Hanina.

Elle a voulu avoir prise sur lui par la sorcellerie en ramassant la poussière de dessous ses pas, qui devait lui conférer des pouvoirs.

Il lui dit, tranquilllement : Si tu peux, va, fais-le. Car il est écrit : « Il n'en est point d'autre ».

C'est-à-dire : si tu peux faire quelque chose contre moi, c'est que le Très-Haut le veut, et, s'il ne veut pas, tu n'y pourras rien. Je me moque de la poussière que tu ramasses sous mes pas.

Mais cette position ne vient-elle pas d'être contestée par Rabbi Yohanan ?

> Comment est-ce possible ? Rabbi Yohanan n'a-t-il pas dit : Pourquoi l'appelle-t-on sorcellerie ? Parce qu'ils contestent l'Assemblée d'en Haut.

Il est donc bel et bien possible de contester l'Assemblée d'en Haut... Pourquoi Rabbi Hanina se moquait-il de la sorcellerie ? Réponse :

> Pour Rabbi Hanina, il en était autrement, car il eut beaucoup de mérites.

... ou elle vient de la faiblesse humaine.

Le rayonnement et le règne de l'Assemblée d'en Haut ne pénètrent le monde que s'ils sont accueillis par des hommes qui épient cette lumière et cette force. L'Absolu ne chasse les apparences de l'absolu qu'à celui qui colle à l'Absolu : dans la pleine attention au Très-Haut, rien ne peut me surprendre. Pas de traumatisme possible : le *non* ne se glisse dans l'être que si l'attention se relâche. Le diabolique s'inscrit dans les possibilités de l'homme appelé à la vigilance. Ainsi seulement il se peut. Ce n'est pas Dieu qui se retire du monde, c'est l'homme qui se ferme à Dieu, ne fût-ce qu'en clignant des yeux et en interrompant ainsi par le noir des points de suspension la lumière continue de son regard vigilant.

Dès lors, nous allons assister à la façon dont le néant de la sorcellerie se glisse dans le Réel. Le texte que nous sommes en train de commenter semble décidément suivre un plan, être composé. Ce n'est pas une alluvion de l'histoire folklorique.

> Rabbi Aybou bar Nagari dit, au nom de Rabbi Hiya bar Abba : Faite par *Latehem* (expression qu'on trouve dans l'Exode, 7, 22), l'action magique est action de démons ; faite par *Lahatehem*, (Ex., 7, 11), l'action magique est affaire de sorcellerie. N'est-il pas dit : « La lame de l'épée flamboyait (en se retournant : *lahat hacherev hamithapechet* ? (Gen., 3, 24).

Deux aspects de la magie : la magie pratiquée par *Latehem* et la magie exercée par *Lahatehem*. A onze versets d'intervalle, l'Exode, mentionnant la façon dont les magiciens du pharaon répètent, grâce à leurs propres sortilèges, les prodiges par lesquels Moïse et Aaron entendent s'imposer au pharaon, désigne ces sortilèges tantôt par le mot *Latehem* et tantôt par le mot *Lahatehem*.

Or, dans Genèse, 3, 24, lorsqu'il est question de l'épée qui tourne et se retourne à la porte du paradis d'où Adam et Eve sont chassés, s'emploie le mot *Lahat*, qui signifie lame d'épée. La lame d'épée, armement de cette étrange garde qui se montait à la porte du paradis sans humains, tournait automatiquement. Les effets s'obtenant par *Lahatehem* appartiendraient à une autre espèce de la magie et indiqueraient un recours à un matériel spécial.

> Abayé dit : « Quand le sorcier tient avec rigueur à un matériel déterminé, la magie est œuvre de démons ; sinon, c'est de la sorcellerie tout court.

Singulière différence entre la sorcellerie comme œuvre de démons et sorcellerie sans intermédiaire ! La première n'indiquerait-elle pas celle qui se glisse dans la technique : le sacré dégénéré en prestiges de la technique ? A côté d'une technique raisonnable, mise au service des buts humains, une technique comme source d'illusion ; technique qui permet de produire des concombres et de les vendre : la technique déployée par les bénéficiaires des spéculations boursières.

Intériorisation et magie.

Et l'autre magie ? Celle qui se passe d'instruments, celle du pur murmure, du pur souffle ? Peut-être celle de la spiritualisation, la magie de l'intériorisation, la possibilité de surmonter les conflits en « intériorisant » les problèmes, en les résolvant par recours aux bonnes intentions, en consentant au crime grâce à toutes les merveilles de la réserve mentale ! La magie intérieure aux ressources infinies : tout est permis dans la vie intérieure, tout est permis jusqu'au crime. Abolition des lois au nom de l'amour ; possibilité de servir l'homme sans faire servir l'homme ; abolir le Shabbat sous le prétexte que l'homme n'est pas pour le Shabbat, que c'est le Shabbat qui est pour l'homme. Le Shabbat n'est pas le lieu principal de la contestation de la Loi ?

> Abayé dit : La *halakha* sur la sorcellerie ressemble à la *halakha* sur le Shabbat.

Sorcellerie et sabbat.

Rassurez-vous, la comparaison avec la *halakha* de la sorcellerie ne se soutient que pour la législation relative aux interdits sabbatiques. Il y a là des ressemblances structurelles. Dans la législation relative au Shabbat :

> Il y a des actes qui sont passibles de lapidation, il y en a qui ne sont pas punissables, mais sont interdits ; il y en a qui, dès le départ, sont autorisés ».

Trois degrés : l'autorisé, l'interdit mais non punissable, l'interdit et punissable. De même pour la sorcellerie.

> Celui qui exerce un acte est lapidé — celui qui ramasse les concombres —, celui qui donne l'illusion n'est pas punissable mais accomplit un acte interdit ; il y a l'acte dès le départ autorisé : comme celui des Rabbi Hanina et Rabbi Uchia qui, toutes les veilles de Shabbat, étudiaient la doctrine de la création, créaient un veau au tiers de sa maturité et le consommaient.

Rav Uchia et Rav Hanina faisaient-ils une chose autorisée ? Elle est autorisée. Si vous connaissez les mystères de la création, vous pouvez, comme le Maharal de Prague, fabriquer un objet en apparence surnaturel. C'est autorisé. Ce texte audacieux nous enseigne donc le ridicule qu'il y aurait à imposer des limites aux possibilités humaines. A bas les superstitions réactionnaires et les effrois devant le progrès technique ! Pourvu que l'illusion ne nous abuse, on peut tout oser, même la fabrication de la viande synthétique. Ce n'est pas de la sorcellerie. De la viande synthétique, oui, mais de la viande pour Shabbat. Ce n'est pas un détail. Il est permis de conférer l'être à des rêves plus audacieux encore, pourvu que demeure le Shabbat : la souveraineté de l'homme capable de s'arracher à l'ordre, aux nécessités et à l'engrenage des choses. La comparaison entre les lois qui régissent la sorcellerie et les lois qui régissent la transgression du Shabbat ne sont donc pas purement structurelles. La loi du Shabbat marque la limite de la technique et de la sorcellerie. La sorcellerie est en un certain sens la profanation du Shabbat.

La ressemblance structurelle n'en est pas moins soutenable. La journée de Shabbat comporte des interdits inconditionnels ; mais, à côté d'actions défendues absolument, existent celles qui ne sont pas recommandées, même si leur accomplissement n'appelle pas une sanction (mettre les *tephilin* le jour de Shabbat, par exemple), et des actions généralement interdites qui, sous certaines conditions, sont autorisées comme toutes celles qu'exige l'état d'un homme malade ou en danger. Quand, dans sa jeunesse, Hillel l'Ancien, pour suivre, à travers une lucarne, la leçon de Chemaya et d'Avtalion, s'exposa au froid sur le toit de la maison d'études, le jour du Shabbat fut profané afin que toutes les mesures nécessaires pour le réchauffer puissent être prises. On ne se souciait pas d'interdits. Tout comme Rav Hanina et Rav Uchia ne s'occupaient pas d'interdiction de sorcellerie en fabriquant un veau au tiers de sa maturité pour en faire un rôti de Shabbat.

Je suis toujours frappé de percevoir, à travers les discussions juridiques ou les rapprochements purement formels de la Guemara, des lueurs signifiantes et qui probablement sont l'essentiel. Que la sorcellerie puisse être comparée à la transgression du Shabbat — à l'opposé de ceux qui appelèrent délicatement sabbat les rendez-vous des sorcières ! — est assez remarquable. Que le Shabbat soit, en fin de compte, *pour l'homme,* mais qu'il ne puisse être pour l'homme que si toute une législation le préserve de l'homme et de ses abus — et de sa sorcellerie de l'intériorisation, comme nous pouvons appeler maintenant la magie du murmure — est plus remarquable encore.

DU SACRÉ AU SAINT

Faits divers.

Nous entrons maintenant dans une partie en apparence anecdotique : des faits divers de sorcellerie, racontés par de vieux sages qui se délassent. La conversation banale des sages, *Sichath houlin chel Talmidéi hahamim,* a un sens cependant.

> Rav Achi conta : J'ai vu une fois Abhou de Karna se moucher et sortir des balles de soie de ses narines.

Il s'agit probablement de ceux qui manipulent des univers par de simples jeux d'écriture ; achètent et vendent sur un coin de bureau des wagons de blé et des bateaux de pétrole et éblouissent nos faibles yeux.

Autre cas et même problème : y a-t-il une création quelconque dans la sorcellerie ? Non, il n'y a pas de création dans la sorcellerie ; les sorciers — je ne lis pas le texte qui suit, je le paraphrase légèrement — ne sont capables de créer ni l'être le plus insignifiant, ni l'être le plus grand : ils ne peuvent créer que des êtres déjà existants ; ils déplacent les choses. Ils ont des « trucs » pour les réunir quand ils sont dispersés, pour les faire apparaître en les faisant venir d'ailleurs. Remue-ménage, mouvement, mais rien de nouveau.

Voici :

> Rav racontait à Rabbi Hiya : J'ai vu un jour un Arabe découper un chameau avec son épée. Là-dessus, il battit tambour devant lui, et le chameau ressuscita. Rabbi Hiya répliqua : As-tu trouvé (après cette opération) sang et fumier ? Ce n'était qu'une illusion.

Bien entendu, les sorciers n'ont pas de pouvoir sur le Vivant. Je reconnais là toute une littérature à conflits et

à problèmes pathétiques, à situations paradoxales où il n'y a pas une seule larme, pas une seule goutte de sang chaud, pas une once de vraie douleur humaine. Ah, s'il restait seulement un peu de fumier chaud après tous ces drames et ces crises ! Ce n'était que déchirement de papier...
Autre histoire :

> Zeeri vint un jour à Alexandrie en Egypte et s'acheta un âne.

Alexandrie en Egypte, cela signifie une ville de haute civilisation, une métropole, l'une de nos grandes capitales.

> « Quand il voulut le faire boire, la sorcellerie se rompit et il se trouva assis sur une planche de passerelle. »

L'âne n'était qu'une planche. Quand il voulut faire boire l'âne, le charme était rompu ; l'eau passe en effet pour réduire la puissance de la sorcellerie, l'eau désenchante. L'eau froide, surtout.

> Alors, les autres lui dirent : Si tu n'étais pas Zeeri, nous ne te rendrions pas l'argent,
> car ici, il n'y a personne qui achète sans éprouver par l'eau son achat.

Le monde moderne.

Aucune chose n'est plus identique à elle-même. La sorcellerie, c'est cela : le monde moderne ; rien n'est identique à lui-même ; personne n'est identique à lui-même rien ne se dit, car aucun mot n'a son sens propre ; toute parole est un souffle magique ; personne n'écoute ce que vous dites ; tout le monde soupçonne derrière vos paroles du non-dit, un conditionnement, une idéologie.

Nouvelle anecdote dont le sens est semblable :

> Un jour, Yanaï vint dans une auberge et demanda de l'eau à boire. Lorsqu'une femme lui tendit de la *chetitah,* il s'aperçut que ses lèvres remuaient. Il en versa un peu par terre ; c'étaient des scorpions. Alors il lui dit : J'ai bu du vôtre, buvez du mien. Quand elle eut bu, elle se transforma en âne. Il monta sur l'âne et sortit ainsi dans la rue. Là, une amie de la femme rompit la sorcellerie et on vit Yanaï à cheval sur une femme.

Rachi ajoute : C'est même pour cela que le texte ne dit pas, de Yanaï, Rav Yanaï ; il ne veut pas que le titre de Rav soit accordé à un homme apparu dans la rue sur le dos d'une femme.

Dernier exemple : la fameuse grenouille venue en Egypte en guise de deuxième plaie. Le texte de l'Exode dit *tsfardéa,* au singulier, alors, problème : n'y avait-il pas une grenouille énorme remplissant toute l'Egypte ? Cela aurait été terrible, mais ressemblerait au *Cadavre d'Amédée ou comment s'en débarrasser* de Ionesco. La sorcellerie serait alors l'envahissement de la vie par les déchets de la vie, l'étouffement de la culture sous les archives de la culture ; la continuation triomphant de toute interruption et de tout commencement. Le sacré dans l'impossibilité même de la désacralisation ! A moins que le singulier n'indique une monstrueuse prolifération d'une grenouille unique : prolifération du Mal ou tout simplement de la mode. A moins — et cette éventualité est également évoquée par les commentateurs — qu'il ait suffi d'une seule grenouille pour faire venir en Égypte toutes les grenouilles du monde. Une grenouille ou le Mal... Je ne sais pas si les prolétaires de tous les pays s'unissent, mais les criminels de tous les pays, malgré toutes leurs dissensions, présentent un front unique. Toujours le Crime a une dimension internationale. Il n'y eut qu'une grenouille ; elle a sifflé, et aussitôt l'Egypte s'est remplie de grenouilles.

Voilà pour la dégénérescence du sacré où le sacré se tient. Le sacré qui dégénère est pire que le sacré qui disparaît. C'est pourquoi, le sacré n'est pas sacré, le sacré n'est pas la sainteté.

L'odeur de sainteté.

Maintenant vient comme une contrepartie de ces contestations. On ne peut, certes, y trouver que la suggestion, mais assez expressive, de ce qui anime, à travers les minuties de la Loi, le vouloir pharisien : la séparation d'avec un monde où, à l'aube de sa manifestation, *l'apparence* altère *l'apparaître ;* où la désacralisation n'est qu'une nouvelle magie, accroissant le sacré, sa dégénérescence en sorcellerie ne faisant qu'un avec sa génération. Dans ce monde ensorcelé, c'est-à-dire sans issue — on ne peut le fuir sans manquer aux responsabilités — se pratique la *séparation* des pharisiens, une absence sous la présence des interdits ou des règles sous l'immédiat du jouir, espoir de *sainteté* contre l'indécrottable *sacré, judaïsme comme modalité irréductible de la présence au monde.*

Notre texte livre l'épilogue d'une histoire talmudique dont tout le monde connaît le prologue. A la page 59 *b* de

Baba Metsia, il est question de docteurs de la Loi qui discutent d'un problème de *halacha,* et où Rabbi Eliezer se trouve en opposition avec tous ses collègues. Le problème discuté ressortit à ceux qui concernent la pureté et l'impureté. Il ne s'agit pas de la pureté « intérieure », si facile à retrouver et à justifier en deçà ou au-delà des actes : ne suffit-il pas de proclamer que compte, non pas ce qui entre, mais ce qui sort de la bouche de l'homme ? Prétention qui, à force de spiritualiser la pureté, risque de nous faire sombrer dans les abîmes nihilistes de l'intériorité où le pur et l'impur se confondent. Les docteurs de la Loi discutent de la pureté rituelle, de celle qui se définit par des critères extérieurs. Il faut ces règles du geste extérieur pour que la pureté intérieure ne soit plus verbale.

Vous savez que le contact du mort est dans le judaïsme la source de l'impureté. Il s'agissait, dans le texte de *Baba Metsia,* de savoir si la présence d'un mort qui confère de l'impureté à tout objet bâti comme réceptacle ouvert, la confère aussi dans le cas particulier d'un poêle ayant une forme spéciale dont je ne veux pas embarrasser mon exposé.

D'après Rabbi Eliezer, ce poêle est à même de recevoir l'impureté. D'après Rabbi Yehochoua et ses collègues, il demeure pur. Histoire à dormir debout ! La discussion sur un sujet qui peut vous paraître futile — surtout si les abîmes de l'intériorité ne vous donnent pas le vertige, malgré la menace qui pèse sur un monde sur le point de s'y engloutir — fut si violente qu'elle aboutit à l'éclatement de ce collège de savants ! Rabbi Eliezer, pour convaincre ses antagonistes, eut recours à des preuves surnaturelles. Et c'est précisément ce côté de l'histoire qui a une grande notoriété : un arbre se déracina tout seul, un fleuve remonta à ses sources pour appuyer le dire de Rabbi

Eliezer, mais Rabbi Yehochoua n'admit pas que dans un débat issu d'un problème posé par la Thora on puisse décider à partir d'un arbre qui s'arrache à ses racines ou d'un fleuve qui remonte à ses sources. Trêve de miracles ! Rabbi Eliezer invoqua le témoignage des murs de la maison d'études où la discussion avait lieu. Ces murs, qui sans doute avaient des oreilles et qui avaient entendu tant de discussions rabbiniques, se penchèrent et menacèrent de tomber pour ainsi témoigner en faveur de Rabbi Eliezer ; mais Rabbi Yehochoua a récusé leur témoignage. De quoi se mêlent les murs, quand des rabbins discutent de la Thora ! Partagés entre leur respect pour les raisons de Rabbi Eliezer et leur respect pour l'argument de Rabbi Yehochoua, les murs restèrent inclinés : s'écroulant et ne s'écroulant pas ; inclinés pour l'éternité. Alors Rabbi Eliezer fit entendre en sa faveur une voix du Ciel ; mais Rabbi Yehochoua récusa cette voix, prétendant que la voix du Ciel n'était pas une raison, que la Thora, donnée aux hommes qui sont sur terre et qui doivent agrir ici-bas, est livrée à la discussion humaine et, pour les nécessités de l'action, aux institutions. La majorité déclara alors anathème Rabbi Eliezer, minoritaire. Elle se sépara de ce sage d'entre les sages et s'inflligea à elle-même la sanction de ne plus pouvoir bénéficier de son enseignement. Et *Baba Metsia* nous raconte aussi que le prophète Elie, interrogé par l'un des docteurs rabbiniques qui eut la chance de le rencontrer, sur l'attitude de l'Eternel, lui apprit ceci : pendant tout ce conflit intellectuel, Dieu, en souriant, répétait : « Mes enfants ont été plus forts que Moi, mes enfants ont été plus forts que Moi ! »

Le texte que nous avons sous les yeux nous raconte précisément la fin de Rabbi Eliezer. Mais la façon dont elle est amenée est assez remarquable par l'étrangeté de l'associa-

DU SACRÉ AU SAINT

tion des idées — ou de la logique — qui détermine son évocation. Dans la *Michna* de tout à l'heure, nous avons lu que Rabbi Aquiba, au nom de Rabbi Yehochoua, a dit : « Deux personnes cueillent des concombres », etc. Or, par le texte qu'il me reste à commenter, vous apprendrez que le fameux enseignement sur les concombres, Rabbi Aquiba l'a reçu de Rabbi Eliezer. Notre texte, qui est une citation, figure donc ici en guise d'objection. Le long récit qui nous raconte les dernières heures de Rabbi Eliezer — et vous admirerez, j'espère, à bien des points de vue, les beautés de ce récit — n'est là que pour décider si c'est Rabbi Yehochoua ou si c'est Rabbi Eliezer qui instruisit Rabbi Aquiba sur la différence qui existe entre un sorcier qui vend les concombres illusoires et le sorcier qui les fait seulement apparaître.

> *Rabbi Aquiba dit,* etc. : C'est donc Rabbi Yehochoua qui enseigna la chose à Rabbi Aquiba. Or, nous avons une *tosseftah* : lorsque Rabbi Eliezer tomba malade...

Rabbi Eliezer mourant.

Nous retrouvons dans la *tosseftah* citée Rabbi Eliezer à la fin de sa vie.

> ... Rabbi Aquiba et ses compagnons vinrent le visiter. Lui se tenait dans son alcôve, eux dans le vestibule...

L' « anathème » pèse toujours sur Rabbi Eliezer, et ses collègues s'interdisent de l'approcher !

> ... C'était veille de Shabbat. Hurkenoth, son fils, entra pour enlever les *tefilin* de son père.

DÉSACRALISATION ET DÉSENSORCELLEMENT

Rabbi Eliezer malade, dans son alcôve, à l'approche du Shabbat, garde encore les *tefilin* qu'il est recommandé de ne pas porter le jour de Shabbat. Son fils vient lui enlever les phylactères pour lui éviter ce port de *tefilin* en un jour de Shabbat, port qui, certes, n'est pas punissable mais qui demeure interdit.

> Rabbi Eliezer se fâcha et le fils s'éloigna sous la colère du père. Il dit alors à ses compagnons : On dirait que le père a perdu la raison. Rabbi Eliezer répliqua : C'est le fils et la mère qui ont perdu la raison ; ils se désintéressent de l'interdit qui menace de lapidation et se préoccupent de ce qui simplement ne convient pas à un jour solennel.

Le fils a tort de s'occuper de *tefilin* dont le port le Shabbat n'entraîne aucune sanction, alors que la mère ne s'occupe ni de lumières de Shabbat ni de liquide chaud à préparer et à préserver pour le jour saint. Si elle était obligée d'allumer les bougies après la tombée de la nuit ou de faire chauffer de l'eau pendant le jour de Shabbat, elle serait passible de lapidation. C'est Rabbi Eliezer qui a encore raison.

> Lorsque les docteurs de la Loi virent que sa raison est entière, ils entrèrent et s'assirent à la distance de quatre coudées...

Ils se sont rapprochés sans dépasser les quatre coudées qui les séparent de l'anathème.

> Il leur dit : Pourquoi êtes-vous venus ? Ils répondirent : Pour étudier la Thora. Il leur dit : Et jusqu'à présent pourquoi n'êtes-vous pas venus ? Ils répondirent : Nous n'avions pas le temps...

> Nous n'étions pas disponibles — ce qui est vrai —, à cause de l'anathème.
>
> Alors il leur dit : Je serais étonné si vous deviez mourir de mort naturelle.

Vous méritez de mourir de mort violente, d'un supplice. Il s'agit du *savoir*. Ne pas aller chez le maître est une faute irréversible. Et, à la maîtrise du maître, et à la culpabilité du disciple à l'égard du maître, au manquement éventuel du disciple au maître, sont consacrées les lignes qui viennent.

> Alors Rabbi Aquiba dit : Et moi ? Il répondit : Ton sort est plus dur que le leur.

Rabbi Aquiba, le plus grand. Le plus grand, donc le plus responsable, le plus coupable à l'égard du maître. C'est Rabbi Aquiba qui figure parmi les dix docteurs rabbiniques qui, torturés et suppliciés par les Romains après l'échec de la révolte de Bar Kochba, sont commémorés dans la liturgie de Yom Kippour, où leur supplice (celui de Rabbi Aquiba est le plus atroce) est présenté comme l'expiation du crime inoubliable et jamais expié des fils de Jacob qui avaient vendu leur frère. Ou de l'éternelle et invisible répétition de ce crime contre la fraternité.

> Il mit ses deux bras sur son cœur et dit : Malheur à vous. Mes deux bras ressemblent à deux rouleaux de la Thora fermés. J'ai appris beaucoup de Thora et j'en ai beaucoup enseigné. J'ai appris beaucoup de Thora et je n'ai pris chez mes maîtres que ce qu'un chien prend en léchant la mer...

Le maître est disciple de quelqu'un, il a à l'égard de ses maîtres un sentiment de culpabilité. Lui non plus il n'a

DÉSACRALISATION ET DÉSENSORCELLEMENT

pas su prendre ce qu'ils donnaient. Le respect du disciple pour le maître culmine dans cette culpabilité du disciple en tant que disciple, dans la conscience de sa caninité.

> J'ai enseigné beaucoup de Thora, mais mes élèves ne m'ont pris que ce qu'une pointe enlève à un pot de couleur.

Ici, il n'est plus question de comparaison avec un chien...

> Plus encore : j'ai enseigné trois cents enseignements sur la lèpre blanche...

Toujours ces enseignements sur les choses extérieures ! Toujours rien sur la « vie intérieure » !

> ... Et il n'y eut personne qui me les ait demandés, et j'enseigne trois cents enseignements — quelques-uns disent trois mille enseignements — sur la plantation des concombres, et jamais personne ne me les a demandés en dehors de Aquiba, fils de Joseph.

C'est sans doute parce qu'Aquiba eut cet insatiable désir de connaître que son sort, lors du supplice, aura été le plus dur.

> Un jour, nous étions en route, il me dit : Maître, enseigne-moi sur la plantation de concombres. J'ai dit un mot et le champ se remplit de concombres. Il me dit : Maître, tu m'as appris leur plantation, apprends-moi leur déracinement. J'ai dit un mot et ils se sont amassés en un seul endroit.

C'est donc ici que la *tosseftah* citée nous apprend, en contredisant la Michna, que Rabbi Eliezer donna à Rabbi Aquiba l'enseignement sur les concombres, et que ce ne fut pas Rabbi Yehochoua.

DU SACRÉ AU SAINT

Propos de l'heure dernière.

Et voici que notre texte, à mon avis, dans son apparent attachement aux problèmes du « à faire » et du « à ne pas faire » rituels, témoigne d'une grandeur qui vaut précisément au judaïme incompréhension et moquerie. Le maître est sur le point de mourir. De quoi parle-t-on à ses instants suprêmes ? De la destinée éternelle ? De la vie intérieure ? Que non. « Ce que je dois faire » est plus important que « ce qu'il m'est permis d'espérer » :

> Alors ils dirent : Qu'en est-il du ballon, de la forme, de l'amulette, de la poche à perles et du petit poids ?

Sublime platitude ! Il s'agit de cinq objets qui sont faits en cuir, et qui peuvent être considérés à la fois comme récipients et comme non-récipients. Reprenant la discussion interrompue sur l'impureté qui frappe les récipients dans une pièce où se trouve un mort, les docteurs rabbiniques veulent arracher au maître un peu du savoir qu'il va emporter dans la tombe. Que pense-t-il, de cinq choses énumérées, quant à leur susceptibilité de recevoir ou de ne pas recevoir l'impureté ? Les cinq choses ne sont pas là par hasard. Non pas qu'elles soient des symboles. Elles ont, dans leur particularité même, des significations irréductibles. Le cuir joue dans chacune de ces cinq choses un autre rôle. Comme analyse structuraliste, c'est très remarquable.

Pour le ballon, le cuir fait partie de l'objet ; le cuir n'est pas un simple contenant d'herbes sèches qui le remplissent.

La forme ? Il s'agit de la forme en cuir sur laquelle on travaille une chaussure ; c'est donc un objet solide sur lequel on pose la chaussure qu'on prépare. Ici, le cuir

DÉSACRALISATION ET DÉSENSORCELLEMENT

reçoit la chaussure en lui servant d'appui. C'est encore une façon de recevoir, mais selon un autre mode que celui du cuir du ballon : l'objet est sur la forme et non pas dans la forme.

Et l'amulette ? Un objet en cuir où s'encastre un bijou et qui est porté comme ornement. Quel est ici le rôle du cuir ? Catégorie nouvelle : ni contenant pur, ni partie de l'objet, ni support : le cuir portant le bijou appartient lui-même à l'ornementation de l'ornement.

La poche à perles ? Rachi dit que c'est la poche qu'on accrochait au cou d'animaux malades pour les guérir. Sorcellerie ? Cet aspect n'est pas envisagé. Les procédés de bonne femme pour guérir une vache, c'est encore de la médecine. Ici, le cuir rend possible la suspension. Il n'est ni un décor, ni un contenant, ni un support.

Cinquième et dernière catégorie : le petit poids. Le petit poids, quand il était en métal friable, perdait facilement du poids. On avait coutume de l'enfermer, pour le préserver de ces pertes, dans une poche en cuir. Cette fois-ci, la poche de cuir est pure protection contre l'effritement du métal : ni partie de l'objet, ni contenant, ni support, ni suspension.

Voilà donc cinq modes où l'objet de cuir n'exclut pas la fonction de contenant, mais où il est, chaque fois, engagé dans une autre fonction. Analyse qui dénote une curiosité pour la signification formelle, dans la casuistique des rabbins.

> Il répondit : Ils prennent l'impureté et doivent être purifiés tels quels.

Tels quels, c'est-à-dire de manière à soumettre l'objet tout entier aux rites de la purification, et non seulement le cuir séparé de l'objet. Je ne peux pas en donner la raison sans le risque de recommencer la discussion entre Rabbi Yehochoua et Rabbi Eliezer, dont les effets furent si désastreux. Inclinons-nous devant la décision communiquée par Rabbi Eliezer à son heure suprême. Mais ses collègues avaient encore une question :

> Et de la chaussure qui est sur la forme, qu'en est-il ?

L'objet inachevé, en effet, ne saurait recevoir l'impureté. Mais, si la chaussure est achevée, si c'est un objet fini, elle prend l'impureté. Etant encore sur la forme, la chaussure n'est pas achevée, n'est pas une chose, elle est encore un objet qu'on fabrique. N'étant pas une chose, elle ne prend pas d'impureté, tout le monde le sait aussi. Mais une chaussure achevée qu'on a laissée sur la forme est à la limite de l'achevé et de ce qui est encore en fabrication. Situation inventée par des esprits chercheurs de cas limite.

> Il dit : Elle reste pure. Et son âme sortit dans la pureté.

Il expira dans la pureté de la chaussure ! Mais la pureté, c'est peut-être cela précisément. Le souci de s'occuper, non pas de l'insondable pureté de mes intentions, mais des règles objectives de la pureté, de la pureté de la chaussure et, en elle, de la pureté à la limite de l'impureté.

Si vous racontez à un passant, fût-il journaliste avisé de tout, qu'un grand en Israël est mort dans la pureté parce qu'il avait déclaré qu'une chaussure était pure, si vous le racontez sans contexte, et même si vous le racontez dans le contexte de ma traduction, il vous rira au nez et publiera, pour faire ricaner la foule des ricaneurs, votre histoire dans un encadré du *Monde*.

> Alors Rabbi Yehochoua se dressa et dit : L'interdiction est levée, l'interdiction est levée !

La mort du maître.

Il est mort.
Je ne commenterai plus beaucoup la suite du texte où, sans commentaires, vous sentirez le dévouement au maître.

> A l'issue du Shabbat, Rabbi Aquiba a rencontré le cercueil de Rabbi Eliezer sur la route allant de Césarée à Loud. Il se frappait la poitrine jusqu'au sang. Devant la rangée des personnes menant le deuil, il prit la parole : Mon père, mon père, le char d'Israël et ses cavaliers !

Il est le char, il est les cavaliers, et probablement le conducteur du char ; il était et le maître qui conduit, et le débat à conduire ; et le pilote et la nacelle. Rabbi Aquiba prononce les paroles que le prophète Elisée prononçait au moment où son maître, le prophète Elie — l'homme qui n'a pas connu la mort — lui est ravi dans la tempête.

> J'ai beaucoup d'argent, mais il n'y a pas de changeur pour me le changer.

La mort du maître, la fin des questions, la fin des réponses, le savoir inutilisable. Suprême désespoir : à qui pourrai-je désormais poser les questions ? Et alors le texte, impassible devant son propre récit, revient aux concombres !

C'est donc de Rabbi Eliezer qu'Aquiba l'apprit.

Rabbi Eliezer n'a-t-il pas dit : « Sur la route il a demandé comment on produit des concombres. » C'est donc de lui et non pas de Rabbi Yehochoua que Rabbi Aquiba reçut le fameux enseignement sur lequel s'ouvrait notre Michna !

> Certes, Rabbi Eliezer le lui apprit, mais il ne lui a pas rendu l'enseignement intelligible. Alors, à nouveau, il l'a appris chez Rabbi Yehochoua, qui l'avait rendu compréhensible.

Et c'est pour cela que notre Michna dit : au nom de Rabbi Yehochoua. Incomprise, la leçon de Rabbi Eliezer n'a donc pas été un vrai enseignement. Rabbi Aquiba n'a pas eu, sans doute, le temps de poser toutes les questions !

Reste la dernière qui se pose à votre esprit et que la Guemara se pose : Rabbi Eliezer pratiquait-il la sorcellerie ?

> Mais comment a-t-il pu (lui, Rabbi Eliezer) faire ainsi ? N'avons-nous pas appris : celui qui exerce l'acte est passible de sanctions ? Il en est autrement quand c'est pour apprendre. Le maître a dit en effet : Le texte (Deut. 18, 9) enseigne : « N'apprends pas à faire des abominations. » Tu ne dois pas apprendre à les faire ; mais tu dois apprendre à tout faire pour comprendre et pour enseigner.

Essentiel, ce dernier point : tout ce que nous avons appris sur le monde des illusions et de la sorcellerie, sur cette déchéance du sacré où se tient le faux sacré (ou plutôt le sacré tout court), tout cela, il faut le connaître. Dans le savoir de ces abominations réside la seule relation que le judaïsme consent à ce sacré et à sa désacralisation. La sainteté qu'il recherche ne doit rien d'autre, ni au monde sacré, ni au monde désacralisé où toujours dégénère le sacré, se nourrissant de sa dégénérescence même ; la sainteté que recherche Israël ne doit que le savoir au royaume du dieu mortel dont le judaïsme n'a jamais ignoré la mort, pour lui depuis des millénaires, consommée. La sainteté qu'il veut lui vient du Dieu vivant.

IV

TRAITE *BERAKHOT*, p. 61 *a*

Rav Nahman, fills de Rav Hisda, enseigna : Pourquoi dans « L'Eternel-Dieu façonna l'homme » (Gen., 2, 7) façonna, *vayitzer,* s'écrit-il avec deux *yod* ? Le Saint-bénit-soit-Il a créé deux penchants, le bon et le mauvais.

Rav Nahman bar Yitzhak objecta : S'il en est ainsi, l'animal, au sujet duquel *vayitzer* (il façonna) ne s'écrit pas avec deux *yod* (Gen., 2, 19), n'aurait pas de mauvais penchants, alors que nous voyons que l'animal peut nuire, mordre et donner des ruades.

Il faut donc l'interpréter (il faut interpréter les deux *yod*) comme l'a fait Rav Shimon ben Pazzi ; car Rav Shimon ben Pazzi dit : Malheur à moi du côté de mon Créateur, malheur à moi du côté de mon mauvais penchant. Ou encore il faut l'interpréter comme Rav Yirmiya ben Elazar, car Rav Yirmiya ben Elazar dit : Deux visages le Saint-Béni-soit-Il a créé dans le premier homme, n'est-il pas écrit (Ps. 139, 5) : « Tu me serres de près *(tzartani)* derrière et devant et tu passes sur moi ta main. »

Et l'Eternel-Dieu organisa en une femme (littéralement : bâtit en femme) la *côte* qu'il avait prise à l'homme... » (Gen., 2, 22). Rav et Shmouel discutent. L'un dit : C'était (la côte était) un visage. L'autre dit : C'était une queue. Pour celui qui dit : C'était un visage, le texte « Tu m'as serré de près derrière et devant » n'offre pas de difficultés. Mais comment s'arrange de ce texte celui qui dit que c'était une queue ?

Il faut admettre qu'il pense comme Rav Ami. Car Rav Ami dit : « de derrière » signifie « le dernier créé », « de devant » signifie « le premier à punir ».

D'accord pour « le dernier créé » — car l'homme n'a été créé que la veille même de Shabbat —, mais, pour ce qui est du « premier à punir », de quelle punition s'agit-il ? Serait-ce de celle qui fut infligée à la suite de l'histoire du serpent ? N'avons-nous pas une *tosseftha* : « Rav a dit : quand il s'agit d'élever en dignité, on commence par le grand et, quand il s'agit de maudire, on commence par le petit. Quand il sagit d'élever en dignité, on commence par le grand, car il est écrit (Lévitique, 10, 12) : « Moïse dit à Aaron, ainsi qu'à Elazar et à Ithamar ses fils survivants, prenez à part l'oblation qui reste des combustions du Seigneur et mangez-la en pains azymes près de l'autel, car elle est éminemment sainte. » Pour maudire, on commence par le petit : car d'abord fut maudit le serpent, ensuite Ève et Adam vers la fin. Il ne peut donc être question de la priorité de l'homme en matière de sanctions qu'à propos du déluge. Car il est écrit (Gen., 7, 23) : « Dieu effaça toutes les créatures qui étaient sur la face de la terre depuis l'homme jusqu'à la brute. » D'abord l'homme, ensuite la brute.

Celui qui dit que « côte » signifie visage s'accorde avec les deux *yod* de *vayitzer* (Gen., 2, 7) ; comment celui qui dit que côte signifie queue, s'arrange-t-il avec les deux *yod* de *vayitzer* ? Il devra suivre la leçon de Rav Shimon ben Pazzi. Car Rav Shimon ben Pazzi dit que les deux *yod* de *vayitzer* signifient : Malheur à moi à cause de mon Créateur — malheur à moi à cause de mon mauvais penchant.

Celui qui dit que côte signifie visage s'accorde avec le texte qui dit « Mâle et femelle il les créa à la fois » (Gen., 5, 2). Comment celui qui dit que côte signifie queue s'arrange-t-il avec « mâle et femelle il les créa » ? Il faut suivre la leçon de Rabbi Abahou. Car Rabbi Abahou objecta : Il est écrit : « Il les créa mâle et femelle » (Gen., 5, 2) et il est écrit (Gen., 9, 6) : « L'homme a été fait à l'image de Dieu. » Comment est-ce possible ? — Il eut d'abord l'idée d'en créer deux, et en fin de compte, il n'en a créé qu'un seul.

Celui qui dit que côte signifie visage peut s'accorder avec le texte (Gen., 2, 21) : « Et il forma un tissu de chair à la place. » Comment s'en arrange celui pour qui côte signifie queue ? — Rav Yirmiya et, d'après d'autres, Rav Zvid et, d'après d'autres, Rav Nahman bar Yitzhak enseigna : La chair n'était nécessaire que pour l'endroit de l'incision.

Celui qui dit que la côte signifie queue peut s'arranger de la formule (Gen., 2, 22) : L'Eternel-Dieu organisa en une femme la côte qu'il avait prise à l'homme. » Comment s'en arrange celui qui dit que « côte » signifie visage ? Il faut suivre ici Rabbi Shimon ben Menassia. Rabbi Shimon ben Menassia a enseigné : Pour le texte « Il organisa en femme la côte », il faut comprendre que le Saint-béni-soit-Il a fait des nattes à Eve et l'avait amenée à Adam, car dans les pays d'outre-mer on appelle la natte *bnaitha* (bâtiment). Autre explication : Rav Hisda a dit — et d'autres disent que ce fut enseigné dans une *braïtha* : Le texte nous enseigne que le Saint-béni-soit-Il a construit Eve comme un entrepôt à blé : Tout comme l'entrepôt à blé est étroit par en haut, et large par en bas pour tenir la récolte, de même la femme est étroite en haut et large par en bas pour recevoir l'enfant.

« Et il la présenta à l'homme » (Gen., 2, 22). Rav Yirmiya ben Elazar dit : Cela nous apprend que le

Saint-béni-soit-Il se fit « garçon d'honneur » d'Adam. La Thora veut nous apprendre les règles de conduite : un grand doit se faire « garçon d'honneur » d'un plus petit sans en ressentir aucun dépit.

D'après ceux qui disent que côte signifie visage, qui marche le premier ? (le côté femme ou le côté homme ?). Rav Nahman ben Yitzhak dit : Il est raisonnable que l'homme marche le premier, car il existe une *bräitha* : un homme ne marche pas derrière sa femme, même si c'est la sienne, sur la route — et, même s'il se trouve avec elle sur un pont, qu'il l'ait sur le côté, et quiconque marche derrière une femme en traversant un gué n'a pas part au monde futur.

Il existe une *bräitha* : quiconque passe à une femme de l'argent de la main à la main dans l'intention de la regarder n'échappera pas à la loi de l'enfer, même s'il est plein de Thora et de bonnes actions comme Moïse, notre maître. Car il est écrit : (Pro., 11, 21) « Haut la main ! Le méchant ne reste pas impuni (littéralement : De la main à la main — le méchant ne restera pas impuni), il ne restera pas impuni de la condamnation à l'enfer qu'il mérite. »

Rav Nahman dit : Manoach fut *am-haaretz* (inculte), car il est écrit : « Et Manoach se leva et suivit sa femme » (Juges, 13, 11). Rav Nahman bar Yossef lui objecta : Dès lors, il faudrait traiter de la même façon Elkana. N'est-il pas dit : « Et Elkana suivit sa femme ». Et de même pour Elisée. N'est-il pas écrit (Rois, II, 4, 30) : « Et il se leva et la suivit » — il ne s'agit pas de suivre au sens matériel du terme, mais de « faire selon sa parole et son conseil ». De même pour Manoach.

Rav Aschi dit : Rav Nahman voulait dire que Manoach n'a même pas été à l'école de débutants, car il est dit dans Genèse, 24, 61 : « Et Rébecca et ses servantes se levèrent, se placèrent sur les chameaux et *suivirent* cet homme. » Suivirent et non pas *précédèrent* cet homme !

Rabbi Yohanan a dit : Derrière un lion et non pas derrière une femme ; derrière une femme et non pas derrière un idolâtre ; derrière un idolâtre et non pas derrière une synagogue (du côté opposé à l'entrée) lorsque la communauté prie.

Toutefois, ce dernier point ne vaut que pour celui qui se trouve sans aucun fardeau ; si on porte un fardeau, il n'en est rien. Et cela ne s'applique que là où il n'y a pas d'autre porte ; quand il y a une autre porte, il n'en est rien. Et cela ne s'applique que quand il n'est pas à dos d'âne ; quand il est sur un âne, il n'en est rien. Et cela ne s'applique que quand il ne porte pas de *tefilin* ; s'il porte des *tefilin*, il n'en est rien.

« ET DIEU CRÉA LA FEMME »

En commençant cette leçon, je ne peux pas éviter les aveux habituels de faiblesse. J'ai choisi pour commenter, sous le titre ambitieux de leçon talmudique, un texte aggadique, comme toujours. J'ai une très grande responsabilité à l'égard de ce texte devant une assemblée où il y a tant de talmudistes authentiques à qui j'aurais dû céder la parole. J'en appelle à leur indulgence.

Le texte parlera de la femme. Il s'ouvre sur trois énoncés où il s'agit de l'humain, en dehors de la division de l'humain en masculin et en féminin. Il y est question, dès le départ, d'une dualité dans l'homme et d'une tentative de définir ce qu'est l'humain. C'est à la lumière d'une telle tentative qu'il sera parlé ensuite du féminin et du masculin.

Le premier dire, je le relis :

Les deux penchants.

> Rav Nahman, fils de Rav Hisda, enseigna : Pourquoi dans « L'Eternel-Dieu façonna l'homme » (Gen., 2, 7) façonna, *vayitzer,* s'écrit-il avec deux *yod* ?

Nous voilà très loin, semble-t-il, des problèmes qui viennent d'être magistralement esquissés [1]. On pose brusquement une question d'orthographe. Pourquoi il y a deux *yod* dans le mot *vayitzer,* qui signifie « façonna » ? Il s'agit de la création de l'homme. La pieuse, la bonne pensée des bien-pensants ne s'étonne plus de rien. Qu'au moins une singularité de l'écriture l'invite à la réflexion. Crée-t-on un homme comme on fabrique un vase ? Ecoutez la première réponse :

> Le Saint-béni-soit-Il a créé deux penchants, le bon et le mauvais.

Deux penchants, je traduis selon la coutume : *yetzer* se traduit par penchant. Le mot signifie en réalité créature. La preuve : Isaïe, 29, 16 ; « La créature (*yetser*) a dit au Créateur, il n'a rien compris. » Il est ici évident que *yetzer* ne signifie pas penchant mais créature.

La première réponse signifie donc : la création de l'humain est extraordinaire ; en créant un homme, il s'agissait de créer en une créature deux créatures. Elles étaient

---

1. Cf. *L'Autre dans la conscience juive. Le Sacré et le couple,* P.U.F., 1973, pp. 159-172.

deux en une seule. Et il n'est pas question de la femme. Et il ne sera pas question de la femme jusqu'au bout de ces trois dires initiaux. Qu'est-ce que l'humain ? Le fait pour un être d'être *deux* tout en étant *un*. Une division, un déchirement au sein de sa substance ou, tout simplement, la conscience et le choix : l'existence au carrefour, entre deux possibilités, entre deux tendances qui s'excluent ou s'opposent. La conscience et la liberté définiraient l'homme : la raison.

A quoi une objection dans le deuxième dire :

> Rav Nahman bar Yitzhak objecta : S'il en est ainsi, l'animal au sujet duquel il façonna, *vayitzer* (qui apparaît dans Gen., 2, 19 mais où *vayitzer* ne s'écrit pas avec deux *yod*), est-ce que cela signifierait que l'animal n'a pas le mauvais et le bon penchant, alors que nous voyons que l'animal peut nuire, mordre et donner des ruades ?

Il faut compléter l'argument à partir des commentateurs ; l'animal peut mordre et donner des ruades, mais il peut aussi obéir et fournir du travail. L'animal aurait donc déjà un choix et une conscience. Dès lors, peut-on dire que la conscience est la raison définissent l'humain ? Lecture possible de cette objection qui va plus loin : si l'homme est animal raisonnable — en fait aussi sur l'animalité, la raison peut se greffer —, il n'y a pas de distance infranchissable, pas d'incompatibilité entre l'animalité et la raison. La raison peut se mettre au service de la bestialité et des instincts. On comprendrait ainsi le sens des versets bibliques relatifs à l'alliance de Dieu avec l'ensemble du vivant. Mais ne faut-il pas chercher ailleurs que dans la conscience le point de rupture entre l'humain et le reste ?

Le deuxième dire s'achève ainsi par une nouvelle définition de l'humain :

> Il faut donc interpréter ces deux *yod* comme l'a fait Rav Shimon ben Pazzi ; car Rav Shimon ben Pazzi a dit : Malheur à moi du côté de mon Créateur, malheur à moi du côté de mon mauvais penchant.

L'obéissance.

Le mot *vayitzer*, décomposé en *vay-yitzer*, signifierait : « malheur à la créature » (*vay*, interjection comme *hélas* !, courante dans le parler populaire juif, qui se retrouve, notamment, dans le yiddisch) : malheur à la créature, malheur quand j'obéis à mon Créateur (car, obéissant à mon Créateur, je suis constamment dérangé par ma nature de créature), mais malheur aussi à moi quand j'obéis à mon essence de créature, à mes penchants (car l'idée du Créateur, c'est-à-dire sa Loi, me gâte le plaisir du péché !). Je suis toujours déchiré, mais cette fois-ci non pas entre la droite et la gauche, comme tout à l'heure en guise d'être libre, mais entre le haut et le bas. Ce qui serait spécifiquement humain, c'est d'être pris entre mon Créateur, c'est-à-dire la Loi qu'Il me donna, et l'existence : les désirs bienheureux de la créature en appétit, ce que Pascal appelle concupiscence, ce que nous appellerions l'érotique, en donnant à ce mot un sens très large. La condition de créature n'est pas source de contentement, chez l'homme lui manque la complaisance. Existence dramatique, elle n'est pas simplement divisée dans les choix à faire entre les désirs, elle est en tension entre la Loi qui m'est donnée et mon naturel incapable de se soumettre, sans contrainte, à la Loi.

L'humain, ce n'est pas la liberté. L'humain, c'est l'Obéissance.

Entre la Loi et la nature, entre le Créateur et la condition de créature, être homme, cela reste aussi dramatique que dans le déchirement entre passions opposées. Mais voici le troisième dire :

> Ou encore, il faut l'interpréter comme Rav Yirmiya ben Elazar, car Rav Yirmiya ben Elazar dit : Deux visages le Saint-béni-soit-Il a créé dans le premier homme, car n'est-il pas écrit : (Ps., 139, 5) « Tu me serres de près derrière et devant et tu passes sur moi ta main. »

Tout est ouvert.

Deux visages dans le premier homme sans que ce soit — vous allez le voir — une tête de Janus. Ce qui est frappant, c'est que, pour parler de ces deux visages, l'idée ne vient pas à Rav Yirmiya ben Elazar de citer le début de la Genèse où il est dit : « Il l'a créé homme et femme. » Les deux visages de l'humain n'ont donc encore rien à voir avec les deux visages du couple ! Les docteurs du Talmud préfèrent ici le psaume 139, dont ils citent le verset 5. Voilà donc le verset qui expliquerait l'anomalie orthographique de deux *yod* dans le mot « il a créé », quand il désigne la création de l'homme.

La méthode que j'ai toujours suivie — je ne sais pas si elle agrée aux talmudistes absolus (je suis talmudiste très relatif) — consiste en ceci : chaque fois qu'un verset biblique est produit en guise de preuve, il est peu probable que les docteurs du Talmud cherchent, dans les textes triturés en dépit de la grammaire, une preuve directe de la thèse qu'ils soutiennent. C'est toujours une invitation à fouiller le contexte de la citation.

Le psaume 139 est un psaume admirable : « Seigneur, tu m'as examiné à fond et tu me connais... Tu connais tous mes faits et gestes... La parole n'est pas encore sur ma langue que déjà elle t'est dévoilée tout entière. » — Et voilà le verset 5 : « Tu me serres de près derrière et devant et tu poses sur moi ta main... Où me retirerais-je devant ton esprit... Où chercherais-je un refuge pour me dérober à ta face ? Si j'escalade les cieux, tu es là. Si je fais du séjour des morts ma couche, te voici encore. Que je m'élève sur les ailes de l'aurore, pour m'établir aux confins des mers, là aussi ta main me guiderait », etc.

Toujours la main de Dieu me saisit et me guide. Il est impossible d'échapper à Dieu, ne pas être présent sous son regard sans sommeil. Regard, qui n'est pas ressenti comme un malheur, contrairement à l'effroi qu'en éprouve la Phèdre de Racine :

> Le Ciel, tout l'univers est plein de mes aïeux.
> Où me cacher ? Fuyons dans la nuit infernale,
> Mais que dis-je ? mon père y tient l'urne fatale !

Ici, certes, la présence de Dieu signifie : être assiégé par Dieu ou obsédé par Dieu. Obsession ressentie comme une élection. Lisez la suite : « Si je dis : que du moins les ténèbres m'enveloppent, que la lumière du jour se change en nuit pour moi, les ténèbres mêmes ne sont pas obscures pour toi, la nuit est lumineuse comme le jour, l'obscurité est clarté pour toi. Car c'est toi qui as façonné mes reins, qui m'as pétri dans le sein de ma mère, je te rends grâce de m'avoir si merveilleusement distingué. »

Autrement dit, l'humanité de l'homme serait la fin de l'intériorité, la fin du sujet. Tout est ouvert. Je suis partout traversé par le regard, touché par la main. On comprend dès lors que Jonas n'ait pas pu échapper à sa mission. Voilà ce que signifie le fait d'avoir deux visages. Avec un seul visage, j'ai un occiput où s'accumulent mes arrière-pensées et mes réserves mentales. Refuge où toute ma pensée peut tenir. Et voici, à la place de l'occiput, un deuxième visage ! Tout est exposé, tout en moi fait face et doit répondre. Je ne peux même pas, par le péché, me séparer de ce Dieu qui me regarde et me touche. Le Mal, ultime recours de la rupture, ultime repli de l'athéisme, n'est pas une rupture : le psaume 139 nous dit que ce repli est sans défense. Dieu traverse les ténèbres du péché. Il ne vous lâche pas ou vous rattrape. Vous êtes toujours à découvert ! Mais vous êtes dans ce psaume d'allégresse découvert dans la joie ; c'est l'exaltation de la proximité divine que chante ce psaume : une exposition sans coin d'ombre.

Il y a cependant, dans cette parabole du deuxième visage, autre chose. Il n'est pas encore question de la femme. Le visage féminin apparaîtra tout à l'heure à partir de cette idée de « visage continu », qui, au départ, signifie la pure humanité de l'homme. Le sens du féminin se trouvera éclairé ainsi à partir de l'essence humaine, la *Ischa* à partir de *Isch* : non pas le féminin à partir du masculin, mais le partage en féminin et en masculin — la dichotomie — à partir de l'humain. La complémentarité n'a aucune signification concrète, n'est qu'un mot paresseux, si l'on n'a pas au préalable surpris, dans l'idée du *tout*, la nécessité et le sens de la division. Je ne suis pas sûr que, par la notion d' « emboîtement » dont parlait notre ami Jankélévitch, il voulût exprimer plus que la notion formelle de complémentarité.

ET DIEU CRÉA LA FEMME

L'autre.

Insistons encore sur le sens que nous avons découvert au dire de Rav Yirmiya ben Elazar à la lumière du psaume 139. Dégageons-le de ses figures théologiques. (Il ne faut pas, en lisant, s'en tenir aux figures des signes qui nous parlent — comme il ne faut pas, en lisant la lettre A, s'arrêter à la figure de toiture que cette lettre dessine.) Que signifie cette façon d'être investi par Dieu, sinon l'image même qui lui sert d'allégorie ? Etre sous le regard sans sommeil de Dieu, c'est précisément, dans son unité, être porteur d'un *autre* sujet — porteur et supporteur —, être responsable de cet autre, comme si le visage, pourtant invisible, de l'autre prolongeait le mien et me tenait en éveil de par son invisibilité même, de par l'imprévisible dont il menace. Unité du sujet *un* et irremplaçable dans l'assignation irrécusable à la responsabilité pour cet autre — plus proche que toute proximité et pourtant inconnu. Manière essentielle pour l'être humain d'être exposé jusqu'à y perdre la peau qui le protège, peau devenue tout entière visage, comme si, noyauté autour de soi, un être subissait une dénucléation et, se dénoyautant, était « pour l'autre » avant tout dialogue !

Ce n'est pas dans un dialogue qu'à tel point l'humain s'exposerait. Il faut cette tête à deux visages. Tête humaine, singulière dans son unité sans synthèse et sans synchronie, où s'inscrit ma responsabilité pour l'autre, sans que moi et l'autre nous formions — en nous reconnaissant mutuellement l'un dans les yeux de l'autre — une corrélation des termes, d'emblée réciproquables. Mais cette étrange dualité du non-réciproquable n'annonce-t-elle pas la différence de sexes ? Et c'est ainsi que dans l'humain apparaît la femme. Le social commande l'érotique.

Côté ou côte.

Je lis la suite du texte :

> Et l'Eternel-Dieu organisa en une femme

et, en suivant la traduction du rabbinat français qui est la meilleure, littéralement :

> bâtit en femme la côte qu'il avait prise à l'homme...

Là commence la grande discussion :

> Rav et Shmouel discutent. L'un dit : C'était un visage. (Cette fameuse côte était un visage.) L'autre dit : C'était une queue.

Une queue, c'est-à-dire un appendice ; peu de chose, beaucoup moins qu'une côte, l'une des vertèbres basses de la colonne vertébrale qui ne porte plus de côtes, l'ultime vertèbre. Le fait que la femme n'est pas simplement la femelle de l'homme, qu'elle fait partie de l'humain, est certes commun aux deux contradicteurs : la femme est d'emblée créée à partir de l'humain. Selon le premier docteur, elle est rigoureusement contemporaine de l'homme ; selon son contradicteur, pour être, elle demandera un acte créateur nouveau.

Mais en quoi les contradicteurs s'opposent-ils ? Celui pour qui la côte est un visage pense à une parfaite égalité entre le féminin et le masculin ; il pense que tous les rapports qui les rattachèrent l'un à l'autre sont d'égale dignité. La création de l'homme a été la création de deux êtres en un seul, mais de deux êtres de dignité égale ; la différence et la relation sexuelle appartiennent au contenu essentiel de l'Humain. Que veut dire celui qui ne voit dans la côte qu'une queue ? Il ne peut ignorer ce qui est arrivé à ce petit bout de chair ou d'os prélevé sur l'homme ; il sait que Dieu s'est dérangé pour en faire une personne. Il pense par conséquent, également, que la femme n'est pas venue au monde par évolution naturelle, à partir d'un os perdu par l'homme ; il sait qu'elle est issue d'un acte de création véritable. Mais il pense que, par-delà la relation personnelle qui s'établit entre ces deux êtres issus de deux actes créateurs, la particularité du féminin est chose secondaire. Ce n'est pas la femme qui est secondaire ; c'est la relation avec la femme qui est secondaire ; c'est la relation avec la femme en tant que femme, qui n'appartient pas au plan primordial de l'humain. Au premier plan sont des tâches qu'accomplissent l'homme comme être humain et la femme comme être humain. Ils ont autre chose à faire qu'à roucouler et, à plus forte raison, autre chose et plus à faire qu'à se limiter aux relations qui s'établissent à cause de la différence entre sexes. Ce n'est pas la libération sexuelle qui, par elle seule, justifierait une révolution digne de l'espèce humaine. La femme n'est pas au sommet de la vie spirituelle comme Béatrice l'est pour Dante. Ce n'est pas l' « Eternel Féminin » qui nous mène vers les hauteurs.

Je pense au dernier chapitre des *Proverbes,* à la femme qui y est glorifiée ; elle rend possible la vie des hommes, elle est la maison des hommes ; mais l'époux a une vie en dehors de la maison, il siège dans le Conseil de la cité, il a une vie publique, il est au service de l'universel, il ne se limite pas à l'intériorité, à l'intimité, à la demeure, sans lesquelles cependant il ne pourrait rien.

Responsable de tous les autres.

Mais voici des difficultés :

> Pour celui qui dit : « C'était un visage », le texte « tu m'as serré de près derrière et devant » n'offre pas de difficultés. Mais comment s'arrange de ce texte celui qui dit que c'était une queue ? Il faut admettre qu'il pense comme Rav Ami. Car Rav Ami a dit : « De derrière » signifie « le dernier créé », « de devant » signifie « le premier à punir ».

Soutenir que la femme n'est pas, en tant que femme, un pôle de la spiritualité, que l'amour, pour dominer notre poésie et notre littérature, n'équivaut pas à l'Esprit, c'est contester que le verset 5 du psaume 139 fasse la moindre allusion à la femme. Rav Ami nous en dit le sens compatible avec la thèse que l'on vient d'envisager : l'homme est l'ultime créature, le dernier venu dans le monde, l'arrière-garde de la créature. Ce monde n'est donc pas ce que l'homme aurait projeté et voulu, il n'est même pas ce dont l'homme aurait vu le commencement ; il n'est pas issu de la liberté créatrice de l'homme. L'homme est venu dans l'univers déjà tout fait, l'homme est le premier à recevoir le châtiment. C'est lui qui répond de ce qu'il n'a pas fait. L'homme est responsable de l'univers, otage de la créature. Par-delà le domaine imputable à sa liberté, il est serré sur ses devants et ses arrières : des choses dont il n'a pas voulu et qui ne sont pas nées de sa liberté, on lui en demande des comptes.

L'interprétation de Rav Ami situe donc l'humain dans la responsabilité « pour tous les autres ». Elle s'accorde parfaitement avec la thèse qui affirme la naissance de la femme, dans sa particularité sexuelle, à partir d'une articulation mineure de l'homme ou de l'humain. Dans la relation avec autrui, la proposition « avec » vire en proposition « pour ». Je suis « avec les autres » signifie je suis « pour les autres » : responsable d'autrui. Ici, le féminin comme tel n'est que secondaire. La femme et l'homme, en humanité authentique, collaborent comme des responsables. Le sexuel n'est que l'accessoire de l'humain.

Ce ne sont pas là de simples subtilités. La révolution dont on croit avoir atteint le summum en détruisant la famille pour libérer la sexualité enchaînée, la prétention d'accomplir sur le plan sexuel la véritable libération de l'homme, tout cela est contesté ici. Le vrai Mal serait ailleurs. Le Mal tel que la psychanalyse le découvre dans la maladie serait déjà prédéterminé par la responsabilité trahie. La relation libidineuse par elle-même ne contiendrait pas le mystère de la *psyché* humaine. C'est l'humain qui expliquerait l'acuité des conflits noués en complexes freudiens. Ce n'est pas l'acuité du désir libidineux qui, par elle-même, expliquerait l'âme. Voilà qui, à mon sens, est annoncé dans mon texte. Je ne prends pas parti ; aujourd'hui, je commente.

D'accord pour le « dernier créé » — car l'homme n'a été créé que la veille même de Shabbat —, mais, pour ce qui est du « premier à punir », de quelle punition s'agit-il ? Serait-ce de celle qui fut infligée à la suite de l'histoire du serpent ? N'avons-nous pas une *tosseftah* : « Rav a dit : quand il s'agit d'élever en dignité, on commence par le grand et, quand il s'agit de maudire, on commence par le petit. Quand il s'agit d'élever en dignité, on commence par le grand, car il est écrit (Lév., 10, 12) : « Moïse dit à Aaron, ainsi qu'à Elazar et Ithamar, ses fils survivants : Prenez à

137

part l'oblation qui reste des combustions du Seigneur et mangez-la en pains azymes près de l'autel, car elle est éminemment sainte. » Pour maudire, on commence par le petit, car d'abord fut maudit le serpent, ensuite Eve et Adam vers la fin. Il ne peut donc être question de la priorité de l'homme en matière de sanctions qu'à propos du déluge. Car il est écrit (Gen., 7, 23) : « Dieu effaça toutes les créatures qui étaient sur la face de la terre depuis l'homme jusqu'à la brute. » D'abord l'homme, ensuite la brute.

Expliquons le sens littéral du texte. La *tosseftah* citée semble contester la priorité de la responsabilité humaine. Le serpent n'était-il pas le premier maudit après le péché originel ? Certes, on pourrait admettre que le châtiment est infligé à l'être le moins digne (au serpent d'abord, à Eve ensuite, à Adam enfin) et la récompense au plus digne. Lors de l'élévation à la prêtrise d'Aaron et de ses fils, Aaron est nommé le premier par Moïse. Mais cette distinction entre sanction positive et négative met toujours en question le principe selon lequel l'homme serait le premier à répondre. C'est pourquoi la Guemara répond que le châtiment est infligé à l'homme en premier dans les circonstances comme celles du déluge, selon Genèse, 7, 23 ; l'homme est cité en premier lieu.

Mais regardons de près la nature des actes dans les trois exemples cités.

Le mérite qui sert de prétexte à l'élévation d'Aaron à la prêtrise et la faute qui attire la malédiction sur le serpent ne sont mérite et faute qu'à l'égard de l'Eternel. Telle n'est pas la raison du déluge ! La tradition rabbinique et le texte biblique sont d'accord : les causes du déluge furent l'injustice et la perversion sexuelle des hommes et des bêtes. Mal éthique dont souffre autrui.

Mais confusion de l'humain et du bestial. Mal rongeant la créature dans cette confusion de l'humain et du bestial. De cet univers perverti, l'homme répond en premier. Cette humanité est définie, non par la liberté — sait-on si le Mal commença par l'homme ? — mais par la responsabilité antérieure à toute initiative. L'homme répond au-delà de ses actes libres. Il est otage de l'univers. Dignité extraordinaire. Responsabilité illimitée... L'homme n'appartient pas à une société qui confère à ses membres une responsabilité limitée. Il est membre d'une société à responsabilité illimitée.

Mais qu'a donc voulu nous apprendre Rav ?

Où est l'esprit.

D'autres aspects de notre responsabilité. Quand elle ne concerne pas autrui, il y a lieu d'invoquer des circonstances atténuantes pour les fautes et, en exaltant le mérite, il faut respecter les contingences du rang, rendre à la société ce qu'il est juste de lui rendre.

Dès lors, l'obligation de répondre pour l'autre revêt toute la rigueur de l'inconditionnel.

> Celui qui dit que côte signifie visage s'accorde avec les deux *yod* de *vayitzer* (Gen., 2, 19) ; comment celui qui dit que côte signifie queue s'arrange-t-il avec les deux *yod* de *vayitzer ?* Il devra suivre la leçon de Rav Shimon ben Pazzi. Car Rav Shimon ben Pazzi dit que les deux *yod* de *vayitzer* signifient : « Malheur à moi à cause de mon Créateur, malheur à moi à cause de mon mauvais penchant. »

Expliquons ce langage : l'opinion selon laquelle la côte prélevée sur Adam pour la création de la femme était un côté de l'humain — un visage — interprétera, certes, les deux *yod* du mot *vayitzer* comme faisant allusion à la dualité originaire du masculin et du féminin en Adam ; mais quel sens prêtera alors aux deux *yod* de *vayitzer* celui qui entend par côte un appendice quelconque de l'humain (et que nous avons traduit par queue) ? Réponse : il suivra l'interprétation donnée par Rav Shimon ben Pazzi ; opinion que nous avons interprétée plus haut : l'homme est déchiré entre sa nature de créature et la Loi qui lui vient du Créateur. Admettre que la relation sexuelle proprement dite n'est qu'une « péripétie » de l'humain, c'est situer la vie spirituelle de l'humanité dans le souci d'équilibrer une existence déchirée entre la nature et la Loi ; et plus généralement encore peut-être : la culture n'est pas déterminée par la libido.

Mais la division de l'humain en féminin et en masculin dans son rapport avec l'humanité de l'homme ouvre encore d'autres perspectives :

> Celui qui dit que côte signifie visage s'accorde avec le texte qui dit : « mâle et femelle il les créa à la fois » (Gen., 5, 2). Commen celui qui dit que côte signifie queue s'arrange-t-il avec « mâle et femelle il les créa à la fois » ?
>
> Il faut suivre la leçon de Rabbi Abahou. Car Rabbi Abahou objecta : il est écrit : « Il les créa mâle et femelle » (Gen., 5, 2) et il est écrit (Gen., 9, 6) : « L'homme a été fait à l'image de Dieu. » Comment est-ce possible ? Il eut d'abord l'idée d'en créer deux, et, en fin de compte, il n'en a créé qu'un seul.

Si la côte signifie « côté », le visage féminin égale, dans le premier homme, le visage masculin. Nous retrouvons alors le sens de « Mâle et femelle il les a créés à la fois ». Est-il possible que la création de la femme, à partir d'une articulation mineure de l'homme, puisse valoir autant que la merveilleuse idée de la femme d'emblée égale à l'homme, de la femme comme « l'autre côté » de l'homme ?

Il ne s'agit pas, dans toute cette recherche, de la compossibilité de versets ; il ne s'agit pas de raccords entre textes, mais d'un enchaînement d'idées dans ses multiples possibilités. Le problème, dans chacun des alinéas que nous commentons en ce moment, consiste à concilier l'humanité des hommes et des femmes avec l'hypothèse d'une spiritualité du masculin, le féminin n'étant pas son corrélatif, mais son corollaire, la spécificité féminine ou la différence de sexes qu'elle annonce ne se situant pas d'emblée à la hauteur des oppositions constitutives de l'Esprit. Audacieuse question : comment l'égalité des sexes peut-elle provenir de la priorité du masculin ? Cela, soit dit en passant, nous éloigne en tout cas de l'idée simple de la complémentarité.

Hiérarchie ou égalité.

Mais notre texte se demande en quoi l'idée de deux êtres égaux — homme et femme — dans le premier homme est l' « idée la plus belle ». Est-ce qu'être à l'image de Dieu signifie d'emblée simultanéité du mâle et de la femelle ? Voici la réponse de Rav Abahou : Dieu a voulu créer deux êtres, mâle et femelle, mais il créa à l'image de Dieu un être un. Il a créé moins bien que son idée première. Il aurait donc voulu — si j'ose dire — au-dessus de sa propre image ! Il a voulu deux êtres. Il a voulu en effet qu'il y eût d'emblée égalité dans la créature et qu'il n'y eût pas de femme sortie de l'homme, de femme qui passât après l'homme. Il a d'emblée voulu deux êtres séparés et égaux. Mais cela n'était pas possible ; cette indépendance initiale des êtres égaux aurait été probablement la guerre. Il fallait procéder non pas en stricte justice, qui, elle, exige en effet deux êtres séparés ; il fallait, pour créer un monde, qu'il les eût subordonnés l'un à l'autre. Il fallait une différence qui ne compromette pas l'équité : une différence de sexe ; et, dès lors, une certaine prééminence de l'homme, une femme venue plus tard et, en tant que femme, appendice de l'humain. Nous en comprenons maintenant la leçon. L'humanité n'est pas pensable à partir de deux principes entièrement différents. Il faut qu'il y eût du *même* commun à ces *autres* : la femme a été prélevée sur l'homme, mais est venue après lui : *la féminité même de la femme est dans cet initial après-coup*. La société ne s'est pas constituée d'après des principes purement divins : le monde n'aurait pas tenu. L'humanité réelle n'admet pas une égalité abstraite sans aucune subordination de termes. Qu'est-ce qu'il y aurait eu comme scènes de ménage entre membres du premier couple de parfaite églité ! Il fallait subordination et il fallait blessure, il fallait et il faut une douleur pour unir les égaux et les inégaux.

> Celui qui dit que côte signifie visage peut s'accorder avec le texte (Gen., 2, 21) : « Et il forma un tissu de chair à la place. » Comment s'en arrange celui pour qui côte signifie queue ? Rav Yirmiya, et, d'après d'autres, Rav Zvid, et, d'après d'autres, Rav Nahman bar Yitzhak, enseigna : La chair n'était nécessaire que pour l'endroit de l'incision.

Comment peut-on parler de cette chair qui a été créée pour combler le vide au cas où la côte dont la femme avait été faite n'était qu'un appendice ? La famille serait-elle née sans qu'il y eût des blessures à panser ? Si la côte était visage, on comprend que la séparation de deux visages est déjà une séparation entre êtres, qu'elle laisse une blessure, une béante cicatrice, et qu'il faille de la chair pour fermer cette blessure. Rav Yirmiya nous apprend que l'importance de la plaie n'est pas le point déterminant. Il suffit qu'il y eût déchirement.

L'apparence.

Mais il y a dans la femme, cette égale, cette compagne, des aspects essentiels au-delà du visage.

> Celui qui dit que la côte signifie queue peut s'arranger de la formule (Gen., 11, 22) : « L'Eternel-Dieu organisa en une femme la côte qu'il avait prise à l'homme. » Comment s'en arrange celui qui dit que côte signifie visage ? — Il faut suivre ici Rabbi Shimon ben Menassia. Rabbi Shimon ben Menassia a enseigné : Pour le texte « Il organisa en femme la côte », il faut comprendre que le Saint-béni-soit-Il a fait des nattes à Eve et l'avait amenée à Adam, car, dans les pays d'outre-mer, on appelle la natte *bnaïta,* bâtiment.

Il y a, dans le féminin, visage et apparence, et Dieu fut le premier coiffeur. Il créa les premières illusions, le premier maquillage. *Bâtir* un être féminin, c'est aussitôt laisser la part à l'apparence. « Il fallait qu'on lui arrange les cheveux. » Il y a dans le visage féminin et dans le rapport entre sexes cet appel au mensonge ou à l'arrangement par-delà la sauvage droiture de visage à visage, à la relation entre êtres humains s'abordant dans la responsabilité de l'un pour l'autre.

> Autre explication : Rav Hisda a dit — et d'autres disent que ce fut enseigné dans une *bräitha* — : Le texte nous enseigne que le Saint-béni-soit-Il a construit Eve comme un entrepôt à blé : tout comme l'entrepôt à blé est étroit par en haut, et large par en bas pour tenir la récolte, de même la femme est étroite en haut et large en bas pour recevoir l'enfant.

Au-delà du visage que tout le monde oublie ! Au-delà de la sexualité, gestation d'un être nouveau ! Le rapport avec autrui par le fils...

Ce n'est donc pas en termes d'égalité que se pose tout le problème de la femme. Et désormais notre texte cherchera à montrer l'importance d'une certaine inégalité, fût-elle de pure coutume. Mais il se fait tard, j'irai vite maintenant en survolant le texte. — Des deux visages, le masculin et le féminin, lequel commande la marche ? Ici, l'égalité, sans plus, aboutirait à l'immobilisme ou à l'éclatement de l'être humain. La Guemara opte pour la priorité du masculin. Il ne faut pas que l'homme marche derrière la femme, parce que ses idées peuvent se troubler. Première raison, relevant peut-être de la psychologie masculine. Elle suppose que la femme porte en elle l'érotique d'une façon naturelle. Si l'homme rejoint une femme sur un pont — les ponts jadis sont espace étroit —, il faut que l'homme s'efforce de marcher aux côtés de la femme sur ce pont, même quand cette femme est sa propre épouse. Interdit de traverser un gué derrière une femme, parce qu'en traversant le gué la femme montrera un peu ses dessous : la relation interhumaine se teindra de concupiscence. Il ne faut pas qu'un homme donne de l'argent à une femme de la main à la main. Pas même si c'est en tout bien tout honneur, car il peut ainsi chercher l'occasion de la regarder. Le principe est plus sain que ce rigorisme désuet : il ne faut pas que les relations entre êtres égaux servent de prétexte à des équivoques ; « même si l'homme qui fait cela est plein de Thora et de bonnes actions comme Moïse, il est voué à l'enfer ». Le thème de la priorité masculine s'accentue sans mettre en cause, dans le rapport entre homme et femme, le rapport d'homme à homme. Question : Manoach, le père de Samson, est traité d'ignare et d'inculte, parce qu'il est dit dans l'Ecriture : « Et Manoach marcha derrière sa femme. » Mais le prophète Elisée ne suivait-il pas la Shunamith ? Réponse : suivre peut s'entendre au sens de prendre conseil. Point essentiel : dans l'ordre de l'interhumain, égalité parfaite et même supériorité de la femme, capable de donner conseil et direction. Selon la coutume, il faut néanmoins qu'indépendamment de toute finalité ce soit l'homme qui indique la direction de la marche.

L'ordre des dangers.

Il s'agit maintenant de situer la relation avec la femme en tant que femme parmi d'autres rapports humains :

> Rabbi Yohanan a dit : Derrière un lion et non pas derrière une femme ; derrière une femme et non pas derrière un idolâtre ; derrière un idolâtre et non pas derrière une synagogue (du côté opposé à l'entrée) lorsque la communauté prie.

Interdiction bien terre à terre, certes. Mais il s'agit de situations extrêmes. S'il n'y a que deux chemins et si un lion marche sur l'un et une femme sur l'autre, quel chemin choisir ? Rabbi Yohanan dit : Il vaut mieux marcher derrière le lion. Une femme et un idolâtre ? Suivez la femme. Marcher derrière un idolâtre ou se trouver derrière une synagogue (du côté opposé à l'entrée) ? Marcher derrière l'idolâtre.

Marcher derrière le lion : vivre la vie, lutte et ambition. Vivre toutes les cruautés de la vie, toujours au contact des lions, ou du moins, avec des guides humains, qui peuvent brusquement se retourner en vous montrant leur face de lion. Marcher derrière la femme, choisir les douceurs de l'intime, peut-être le roucoulement à l'écart des grands bouleversements et des grands coups qui scandent le réel ? Quelle paix dans l'intimité amoureuse ! Le texte de la Guemara préfère à cette intimité le danger des lions. On défendait beaucoup le féminin aujourd'hui, comme si le rapport avec le féminin n'était que la rencontre de l'Autre par excellence avec toutes les excellences d'une telle rencontre. Qu'en est-il de l'équivoque, de tout le clair-obscur de la fameuse vie sentimentale (même quand elle prétend s'élever au-dessus du plaisir) ? Qu'en est-il de tous les abîmes, de toutes les trahisons, de toute la perfidie, de toutes les petitesses ?

Mais notre texte préfère encore la voie sentimentale à l'idolâtrie. L'idolâtrie, c'est sans doute l'Etat, le prototype de l'idolâtrie, puisque l'Etat adore être l'Idole ; l'idolâtrie, c'est aussi le culte des dieux grecs et, dès lors, tout l'attrait de l'hellénisme. C'est probablement à cause de cette évocation de la Grèce par le vocable idolâtrie que l'idolâtrie peut encore être préférable à quelque chose ! Mais idolâtrie, cela englobe aussi toutes les tentations intellectuelles du relatif, de l'exotisme et de la mode, tout ce qui nous vient des Indes, tout ce qui nous vient de Chine, tout ce qui nous vient des prétendues « expériences » de l'humanité qu'il ne serait pas permis de refuser.

La quatrième chose est la pire ; pire que l'emballement

pour l'idolâtrie. L'isolement au sein du judaïsme, le *non* dit à la communauté. Etre derrière une synagogue pleine de monde, c'est la suprême apostasie ; dire : cela ne me concerne pas, cela concerne les Iraniens et non pas les Israéliens, cela concerne les Juifs émigrés et non pas les Juifs français. Ici la condamnation est sans espoir.

Mais il y a des circonstances qui autorisent quatre exceptions :

> Toutefois, ce dernier point ne vaut que pour celui qui se trouve sans aucun fardeau ; si on porte un fardeau, il n'en est rien. Et cela ne s'applique que là où il n'y a pas d'autre porte : quand il y a une autre porte, il n'en est rien. Et cela ne s'applique que quand il ne monte pas un âne : quand il est à dos d'âne, il n'en est rien. Et cela ne s'applique que quand il ne porte pas de *tefilin* : s'il porte des *tefilin,* il n'en est rien.

A quel moment l'isolé devant la synagogue est-il condamnable ? Lorsque l'homme derrière une synagogue pleine de monde, isolé du côté où il n'y a pas de porte, ne porte pas de fardeau ; s'il se trouve derrière la synagogue avec un fardeau, il mérite l'indulgence. On n'entre pas en effet avec un sac de blé sur le dos dans une synagogue. Mais l'exception signifie davantage. On peut se révolter contre la synagogue à cause de l'intolérable fardeau que l'on porte. Pardonnons cette révolte !

Deuxième exception : l'homme se trouve sur un âne : on ne peut pas entrer à la synagogue avec un âne ; on ne peut pas toujours garer sa voiture. Mais l'âne, c'est aussi ce qui vous porte, une influence subie, un courant d'opinions ou d'idées, pas nécessairement intelligent, mais très entêté. Indulgence ! Indulgence !

La troisième exception concerne celui qui se trouve du côté opposé à l'entrée de la synagogue, mais du côté où il y a une autre porte. Sa révolte contre la synagogue est possiblement une recherche d'une autre porte. Il s'isole de la collectivité d'Israël pour mieux y entrer. Son cas n'est pas désespéré.

Dernière exception : le cas de celui qui, loin de toute entrée, porte encore les *tefilin*. Il conserve, malgré le judaïsme qui le révolte, le minimum de rites. Par là il n'est pas perdu.

Vous voyez donc : le féminin est assez bien placé dans cette hiérarchie des valeurs qui se montre au moment où les choix deviennent des alternatives. Il a la seconde place. Ce n'est pas la femme qui est ainsi méconnue. C'est la relation basée sur la différence des sexes qui est subordonnée à la relation interhumaine — irréductible aux forces et aux complexes de la libido — à laquelle la femme s'élève comme l'homme. Peut-être l'homme précède-t-il — de quelques siècles — la femme dans cette élévation. D'où une certaine priorité — provisoire ? — de l'homme. Peut-être le masculin est-il plus directement lié à l'universel et la civilisation masculine aura-t-elle préparé, au-dessus du sexuel, l'ordre humain où entre la femme, humaine à part entière.

Mais qui est l'homme qui se trouve derrière la synagogue du côté où il n'y a aucune porte, l'homme plus perdu qu'un idolâtre ? Je me demande si ce n'est pas celui qui, en dehors des rites et des lois qui sont la *lettre,* se croit « en esprit et en vérité » dans l'intimité la plus intime de l'Etre. Le voilà jeté dans les abîmes de l'intériorité sans rivages. Elle n'a jamais rendu ceux qu'elle réussit à séduire.

V

BABA KAMA, p. 60 *a*-60 *b*

Michna.

Si quelqu'un provoque un incendie qui consume bois, pierres ou terre, il est tenu à dédommagement, car il est écrit (Ex., 22, 5) : « Si le feu éclate, trouve les ronces et qu'une meule de blé se trouve dévorée, ou la moisson sur pied ou le champ d'autrui, l'auteur de l'incendie sera tenu de payer. »

Guemara.

Ravah dit : Pourquoi le Miséricordieux écrit-il *ronces, meule de blé, moissons sur pied et champ ?* Cela est indispensable. Si le Miséricordieux n'avait écrit que *ronces,* on aurait pu croire qu'Il n'exige réparation que pour les ronces qui sont spécialement exposées aux flammes et à l'égard desquelles fréquemment on se rend coupable de négligences ; mais qu'Il n'oblige pas au dédommagement d'une meule de blé que le feu ravage rarement et à l'égard de laquelle on prend des précautions. Si le Miséricordieux n'avait écrit que *meule de blé,* on aurait pu croire qu'Il ne rend responsable que pour une meule de blé qui brûle et où le dommage est grand, mais qu'Il dégage la responsabilité quand il s'agit de ronces où le dommage est peu important.

Pourquoi alors *blé sur pied* ? Comme on est responsable du blé sur pied qui est ouvert aux vues, on l'est de toutes choses ouvertes aux vues. Mais pourquoi alors, pour Rabbi Yehouda, le blé sur pied serait-il nommé, alors que Rabbi Yehouda pense que l'on est responsable des dégâts que le feu cause même aux choses dissimulées ? Pour inclure toute chose qui est debout (qui tient à la terre). Comment alors la responsabilité pour tout ce qui est debout est-elle déduite par les docteurs ? Ils la tirent de la conjonction « ou » (« *ou* la moisson sur pied »). Que signifie ce « ou » pour Rabbi Yehouda ? Il lui sert pour diviser (rendre le dédommagement obligatoire même quand il s'agit d'une partie des dégâts énumérés). Qu'est-ce qui permet de diviser d'après les rabbins ? La deuxième conjonction « ou » (« *ou* le champ d'autrui »).

Que fait de ce (deuxième) *ou* Rabbi Yehouda ? Il serait d'après lui le pendant à l' « ou » de la moisson sur pied. Pourquoi le champ est-il évoqué ? Pour inclure (dans le dédommagement) le cas où le feu a léché les sillons et calciné des pierres.

Le Miséricordieux aurait pu écrire *champ* et se serait dispensé de dire tout le reste ? Le reste est nécessaire : s'il n'avait écrit que champ, on aurait pensé que pour les produits du champ on doit bel et bien réparation mais, pour les autres choses, non. Que de tout le reste aussi on soit responsable, voilà ce que l'on veut nous faire entendre.

Rabbi Shmuel bar Na'hmani au nom de Rabbi Yonathan : Les épreuves ne frappent le monde qu'à cause des méchants qui sont au monde, mais elles ne commencent que par les justes, car il est dit : « Si le feu éclate et trouve des ronces. » Quand le feu éclate-t-il ? Quand il trouve des ronces ; mais il ne commence à dévorer que des justes, car il est dit : « Et une meule de blé se trouve dévorée » ; il n'est pas dit : « quand il dévore la meule », mais : « Quand la meule se trouve dévorée » : c'est qu'elle est *d'ores et déjà* dévorée.

Rav Joseph enseignait : Il est écrit (Ex., 12, 22) : « Que pas un d'entre vous ne franchisse alors le seuil de sa demeure jusqu'au matin » ; dès que, à l'ange d'extermination, la liberté est donnée, il ne distingue plus entre justes et injustes ; mieux encore, il commence par les justes, car il est écrit (Ezéchiel, 21, 8) : « J'extirperai de toi justes et impies. » Alors Rav Joseph pleura : Et un tel verset par-dessus le marché ! Ceux-là (les justes) ne comptent pour rien. Abayé lui dit : C'est là une faveur pour eux, car il est dit (Isaïe, 57, 1) : « Les hommes de bien sont enlevés avant que le malheur n'éclate. »

Rav Yehouda dit au nom de Rab : C'est une règle : il faut entrer dans une auberge en plein jour et se remettre en route en plein jour car il a été dit (Ex., 12, 22) : « Que pas un d'entre vous ne franchisse alors le seuil de la demeure jusqu'au matin. »

Il y a une *braïtha* : S'il y a une épidémie dans une ville, retiens tes pas pour y entrer, car il est dit : « Que pas un d'entre vous ne franchisse alors le seuil de la demeure jusqu'au matin » ; et puis il est dit (Isaïe, 26, 20) : « Va mon peuple, retire-toi dans tes demeures et ferme les portes derrière toi, jusqu'à ce que la bourrasque soit passée, cache-toi » ; et puis il est dit (Deut., 32, 25) : « Au-dehors, l'épée fera des victimes, au-dedans ce sera la terreur. »

Pourquoi cet *et puis* ? On aurait pu croire que tout cela s'applique à la nuit, mais pas au jour. Voici pourquoi il est dit : « Va mon peuple, retire-toi dans tes demeures et ferme les portes derrière toi. » Mais on aurait pu croire que tout cela ne vaut que si à l'intérieur de la maison (au-dedans) il n'y a pas de terreur et que, si au-dedans il y avait terreur, il aurait mieux valu se joindre à la société des gens. C'est pour cela que l'on dit : Au-dehors l'épée fera des victimes. Même si au-dedans c'est la terreur, dehors l'épée fera des victimes. Ravah bouchait à l'époque de l'épidémie les fenêtres (de sa maison), car il est dit (Jérémie, 9, 20) : « Car la mort est montée pas nos fenêtres. »

Il existe une *braïtha* : Si la famine est dans la ville, disperse (élargis) tes pas, car il est dit (Gen., 12, 10) : « Il y eut une famine dans le pays. Abram descendit en Egypte pour y séjourner. » De plus, il est dit (Rois II, 7, 4) : « Si nous nous décidons à entrer dans la ville, la famine y règne et nous y mourrons. » A quoi sert ce *de plus* ? On aurait pu croire que cela n'est valable que quand à l'endroit où l'on va aucun danger ne menace la vie, mais que cela ne vaut pas pour le cas où l'émigration mène au danger. C'est pourquoi il est dit : « Eh bien, allons-nous jeter dans le camp des Syriens : s'ils nous laissent en vie, nous vivrons. »

Il y a une *braïtha* : Si l'ange de la mort est dans la ville, il ne faut pas marcher au milieu de la rue, car l'ange de la mort circule au milieu de la rue : bénéficiant de la liberté qui lui est laissée, il marche publiquement ; si la ville est en paix, il ne faut pas marcher sur les côtés de la rue, car, ne bénéficiant pas de liberté, l'ange de la mort avance en ce cachant.

Il y a une *braïtha* : Si l'épidémie est dans une ville, il ne faut pas aller isolé dans la maison de prières, car c'est là que l'ange de la mort garde son matériel ; mais cela n'est cependant vrai que dans le cas où les enfants d'école n'y lisent pas l'Ecriture et où il n'y a pas dix personnes pour y faire la prière.

Il y a une *braïtha* : Si les chiens hurlent, c'est que l'ange de la mort est entré dans la ville ; si les chiens sont gais, Elie est entré en ville. Mais cela à condition qu'il n'y ait, parmi eux, aucune chienne !

Rav Ami et Rav Assi étaient assis devant Rabbi

Yitzhak le forgeron. L'un lui demanda de traiter de Halakha et l'autre de traiter d'Aggada. Quand il commençait une Halakha, le deuxième l'en empêchait ; quand il commençait une Aggada, le premier l'en empêchait. Alors il leur dit : Je vais vous conter une parabole. Cela se compare à un homme qui avait deux femmes, une jeune et une vieille ; la jeune lui arrachait les cheveux blancs, la vieille lui arrachait les cheveux noirs : au point qu'il en devint chauve de deux côtés. Dès lors, il leur dit : Je vais vous dire une histoire qui vous plaira à tous les deux. Si un feu éclate et saisit des ronces, il avance par lui-même ; alors, celui qui mit le feu doit payer. Le Saint-béni-soit-Il dit : J'ai allumé un feu à Sion comme il est dit (Lam., 4, 11) : « Il allume un incendie dans Sion qui en a dévoré jusqu'aux fondements » et je la rebâtirai un jour avec du feu, comme il est dit (Zacharie, 2, 9) : « Et moi je lui serai une muraille de feu tout autour et je serai un sujet de gloire au milieu d'elle. » Ainsi celui qui mit le feu doit payer. Le Saint-béni-soit-Il dit : « J'ai à payer pour le feu que j'avais allumé. » Une Halakha : on commence par un dédommagement auquel on est astreint à cause de ce qui vous appartient et on conclut par un dédommagemennt dû pour un dégât causé à la personne même, afin de t'enseigner que le dommage causé par le feu se compare au dommage causé par la flèche.

LES DOMMAGES CAUSÉS PAR LE FEU.

Nous allons commencer par distribuer le texte. C'est le moment où je tremble le plus, non pas dans la crainte que le texte ne contienne pas de ces choses fortes que vous venez d'entendre, mais parce que que je me sens toujours inférieur à mon texte. Ce n'est pas là une clause de style, de fausse modestie, mais l'affirmation faite, une fois de plus, que ces textes contiennent plus que je ne saurais y trouver. Mais, étrangement, la sagesse juive conserve le style de son maître Moïse, qui fut « de bouche malhabile et de langue lourde ». Ce n'est pas un défaut personnel et qui se perpétue. C'est le style objectif d'une pensée qui n'arrive pas à épouser les formes de la rhétorique. C'est l'inspiration telle qu'elle inspire au contact des dures et complexes et contradictoires réalités. Un sermon dans la vallée. Dans la vallée des larmes. Sermon sans éloquence.

Le feu destructeur.

Monsieur le Président, Mesdames et Messieurs, voici donc ce texte qui, en plus de son rythme heurté et embarrassé, est rapidement et mal traduit. De prime abord, il ne concerne pas la guerre [1]. Cette page 60 du traité *Baba Kama* parle des dommages causés par le feu et des responsabilités qu'ils impliquent. Il n'y est pas question de la guerre, mais du feu destructeur et, plus loin, des épidémies, de la famine — tout cela causant dégâts et mort. Tels sont aussi les effets de la guerre. Peut-on remonter de là à *l'essence* de la guerre ? Ou à ce qui est plus guerre que la guerre ? C'est peut-être là, en effet, que notre lecture nous conduira.

---

1. Cet exposé a été prononcé dans le cadre d'un colloque consacré à la guerre.

Vue dans ses effets, la guerre serait abordée ici au-dessus cu en dehors de ses conditions positives, politiques et sociales. De prime abord, nous semblons nous écarter du sujet. Mais la discussion sur les responsabilités qu'implique un feu destructeur par là même conteste la fatalité de la destruction. En un sens, nous semblons nous rapprocher de la thèse sur la rationalité de la guerre, dont parlait tout à l'heure Robert Misrahi[1]. Jamais cette rationalité ne sera, certes, mise en doute dans la suite du texte ; mais issue des relations humaines, la violence se tient au bord des abîmes où, à un certain moment, tout peut sombrer, y compris la raison. Nous quittons la guerre pour remonter à sa source ultime qui est à Auschwitz et où elle risque de retourner. La raison même de la guerre viendrait d'une folie et risquerait d'y sombrer.

Structure du texte.

Deuxième caractéristique du texte choisi : il est original. Non pas parce que, texte talmudique, il serait, comme tous les textes talmudiques, inimitable. Il est original dans sa structure. En effet, c'est une Halakha, c'est-à-dire une leçon qui enseigne une *conduite* à tenir, qui énonce une loi. Mais la Halakha dans le texte lui-même, et *sans en appeler à l'interprétation du lecteur,* se transfigure en Aggada, en texte homélitique, qui, comme vous le savez peut-être, est le mode sous lequel, dans la pensée talmudique, se présentent des vues philosophiques, c'est-à-dire la pensée proprement religieuse d'Israël. (Je ne regrette pas d'avoir rapproché dans ma phrase précédente philosophie et reli-

---

1. Cf. *La conscience juive face à la guerre,* P.U.F., 1976, pp. 3-9.

gion. La philosophie dérive pour moi de la religion. Elle est appelée par la religion en dérive et toujours probablement la religion est en dérive.) Et cette interprétation aggadique de la Halakha relative au feu se terminera par un nouvel enseignement halakhique ; le texte va donc de la Halakha à l'Aggada, et de l'Aggada à la Halakha. C'est cela sa structure originale, très remarquable dans son rythme stylistique, mais non indifférente au problème qui nous préoccupe. Voilà les remarques préalables.

L'étendue des responsabilités.

Le texte commence par la Michna. Ainsi sont appelées les leçons attribuées à l'autorité des docteurs rabbiniques dénommés Tanaïtes, détenteurs de la révélation dite « loi orale » et qui, selon la foi d'Israël, est transmise de maîtres à disciples depuis l'Epiphanie sinaïque [2]. Elle serait indépendante des Écritures, même si elle s'y réfère et en commande l'interprétation. La loi orale a été consignée par écrit vers la fin du IIe siècle de notre ère (où s'achèvent les générations des Tanaïtes) par Rabbi Yehouda Hanassi. Notre Michna énonce la responsabilité qu'encourt celui qui est cause d'incendie dans un champ.

> Si quelqu'un provoque un incendie qui consume bois, pierres ou terre, il est tenu à dédommagement, car il est écrit (Ex., 22,5) : « Si le feu éclate, trouve les

---

[2]. Leibniz, qui avait lu et admiré Maïmonide, connaît cette doctrine de la loi orale : « ... Moyse n'avait point fait entrer dans ses loix la doctrine de l'immortalité des âmes : elle était conforme à ses sentiments, *elle s'enseignait de main en main...* » (éd. Gerhardt, vol 6, p. 26). C'est nous qui soulignons les six derniers mots de la citation.

ronces et qu'une meule de blé se trouve dévorée, ou la moisson sur pied ou le champ d'autrui, l'auteur de l'incendie sera tenu de payer. »

Ce texte semble clair. Mais, sur trois quarts de page, il est commenté par la Guemara qui en dégagera les diverses catégories de biens endommageables. Elle justifiera l'emploi de chaque mot ; et mêmes des particules syntaxiques qui y apparaissent lui signifieront des enseignements. Rappelons d'abord ce que signifie le mot Guemara. C'est la consignation par écrit des discussions soulevées par la Michna dans les générations des docteurs rabbiniques, continuateurs des Tanaïtes et appelés Amoraïm. Dans leur herméneutique, ils ont notamment recours aux traditions tanaïtiques exclues du code de Rabbi Yehouda Hanassi et appelées pour cette raison *braïtoth*, « extérieures ». Notre Guemara s'énonce en se donnant l'air de s'étonner de l'apparente prolixité du texte cité de l'Exode 22, 6 et en y répondant pas à pas :

> Ravah dit : Pourquoi le Miséricordieux écrit-il *ronces, meule de blé, moisson sur pied et champ ?* Cela est indispensable. Si le Miséricordieux n'avait écrit que *ronces,* on aurait pu croire qu'Il n'exige réparation que pour les ronces qui sont spécialement exposées aux flammes à l'égard desquelles fréquemment on se rend coupable de négligences ; mais qu'Il n'oblige pas au dédommagement d'une meule de blé que le feu ravage rarement et à l'égard de laquelle on prend des précautions. Si le Miséricordieux n'avait écrit que *meule de blé,* on aurait pu croire qu'Il ne rend responsable que pour une meule de blé qui brûle et où le dommage est grand, mais qu'Il dégage la responsabilité quand il s'agit de ronces où le dommage est peu important.

DU SACRÉ AU SAINT

Que signifie d'abord le mot Miséricordieux, *Rakhmana*, qui revient constamment dans ce texte ? Il signifie la Thora elle-même ou l'Eternel, l'Eternel qui se définit par la Miséricorde. Mais cette traduction est tout à fait insuffisante. *Rakhamim* — Miséricorde, qu'évoque le terme araméen de *Rakhmana* — remonte au mot *Rekhem*, qui veut dire utérus. *Rakhamim,* c'est le rapport de l'utérus à l'*autre* dont, en lui, se fait la gestation. *Rakhamim,* c'est la maternité même. Dieu est miséricordieux, c'est Dieu défini par la maternité. Un élément féminin est ému au fond de cette miséricorde. Cet élément maternel dans la paternité divine est très remarquable, comme est remarquable dans le judaïsme la notion d'une « virilité » à limiter et dont la circoncision symbolise peut-être le reniement partiel, l'exaltation d'une certaine *faiblesse* qui serait sans lâcheté ; la maternité, c'est peut-être la sensibilité elle-même dont on dit tant de mal chez les nietzschéens.

Pourquoi donc le verset cité par la Michna est-il si verbeux ? La Guemara explique l'utilité des mots « ronces », qui indique un genre et « meule de blé », qui en indique un autre, irréductible au premier. Cette généralisation ou même formalisation des termes de l'Ecriture est un procédé caractéristique de l'exégèse talmudique. C'est dans le même esprit que se justifie dès lors l'évocation du « blé sur pied ».

> Pourquoi alors *blé sur pied ?* Comme on est responsable du blé sur pied qui est ouvert aux vues, on l'est de toutes choses ouvertes aux vues.

On est responsable, en cas de feu, de toutes choses exposées à la vue. Mais ici la discussion se complique, car, selon une autre tradition, représentée par Rabbi

Yehouda, la responsabilité pour l'incendie s'étend même au dommage causé aux biens non exposés à la vue. Notons l'apparition ici d'une responsabilité qui concerne ce qui échappe à la perception et par conséquent aux précautions et aux pouvoirs de celui qui a causé le mal. Il faut que le texte de l'Exode puisse désormais se justifier, et pour les docteurs rabbiniques qui entendent la responsabilité comme limitée aux regards, et pour celui qui l'entend dans un sens plus large :

> Mais pourquoi alors, pour Rabbi Yehouda, le blé sur pied serait-il nommé alors que Rabbi Yehouda pense que l'on est responsable des dégâts que le feu cause même aux choses dissimulées ?

Réponse :

> Pour inclure toute chose qui est debout (qui tient à la terre)

même les arbres et les animaux.

Et les autres alors ? Comment déduisent-ils le dédommagement pour les choses qui sont debout ?

> Comment alors la responsabilité pour tout ce qui est debout est-elle déduite par les docteurs ? Ils la tirent de la conjonction « ou » (« *ou* la moisson sur pied »).

Il y aurait dans cet « ou » une extension de la notion :

> Que signifie cet « ou » pour Rabbi Yehouda ? Il lui sert pour diviser.

Cet « ou » implique la division : on est responsable, non seulement au cas où les malheurs énumérés dans le verset arrivent à la fois, mais au cas où chacun arrive isolément.

Qu'est-ce qui permet dès lors de « diviser », d'après les rabbins ? puisqu'ils ont déjà utilisé « ou » pour les choses qui sont debout.

> La deuxième conjonction « ou » (« *ou* le champ d'autrui »).
> Que fait de ce deuxième « ou » Rabbi Yehouda ? Il serait d'après lui le pendant au « ou » de la moisson sur pied.

Par conséquent, Rabbi Yehouda ne lui confère pas de signification spéciale. Ainsi le texte peut être lu, et dans l'hypothèse de Rabbi Yehouda et dans l'hypothèse des docteurs.

> Pourquoi le champ est-il évoqué ? Pour inclure le cas où le feu a léché les sillons et calciné des pierres.

Enfin :

> Le Miséricordieux aurait pu écrire *champ* et se serait dispensé de dire tout le reste ? Le reste est nécessaire : s'Il n'avait écrit que champ, on aurait pensé que pour les produits du champ on doit bel et bien réparation, mais, pour les autres choses, non. Que de tout le reste aussi on soit responsable, voilà ce que l'on veut nous faire entendre.

Voilà donc un texte rigoureusement halakhique. Sa signification générale est évidente : elle affirme la responsabilité pour un dommage causé par un sinistre, dû certes à la liberté humaine, mais qui, comme feu, échappe aussitôt aux pouvoirs du coupable. Le feu, force élémentaire à laquelle d'autres forces élémentaires vont s'ajouter, multipliant les dégâts au-delà de toute prévision rationnelle !

Le vent y ajoute ses caprices et ses violences. Et cependant la responsabilité n'est pas atténuée. Rabbi Yehouda l'étend aux biens dissimulés vers lesquels aucune vision ne saurait appeler un sauveteur. Mais parlons-nous de la guerre ? Ne sommes-nous pas en temps de paix ? Les tribunaux ne sont-ils pas là ? Les magistrats ne ceignent-ils pas leurs écharpes ? Les choses ne sont-elles pas en place ? N'y a-t-il pas justice ? A moins que la force élémentale du feu ne soit déjà l'intervention du non-contrôlable, de la guerre. Elle n'annule pas les responsabilités !

La rationalité de l'irrationnel.

Mais voici que le texte — sans que ce soit par quelque fantaisie d'interprète moderne chercheur de paradoxes — transforme ses vérités juridiques en vérités religieuses et morales :

> Rabbi Shmuel bar Na'hmani au nom de Rabbi Yonathan dit : Les épreuves ne frappent le monde qu'à cause des méchants qui sont au monde, mais elles ne commencent que par les justes, car il est dit : « Si le feu éclate et trouve des ronces. » Quand le feu éclate-t-il ? Quand il trouve des ronces ; mais il ne commence à dévorer que des justes, car il est dit : « Et une meule de blé se trouve dévorée » ; il n'est pas dit : « Quand il dévore la meule », mais : « Quand la meule se trouve dévorée » c'est qu'elle est *d'ores et déjà* dévorée.

« Les épreuves ne frappent le monde qu'à cause des méchants... » C'est la guerre. C'est de la morale communément prêchée. Si le Talmud n'apportait que des vérités aussi proverbiales, on aurait pu ne pas le consulter. Mais Rabbi Shmuel bar Na'hmani, qui interprète allégoriquement le verset biblique, en tire davantage : « Les épreuves ne commencent que par les justes. » C'est un peu moins banal.

Mais l'image des ronces n'est-elle pas instructive ? « Quand le feu éclate-t-il ? Quand il trouve des ronces. » Les ronces — ce qui pique ! Le piquant de « beaux esprits », les paradoxes d'intellectuels cherchant des idées inédites, comme cause des violences ? Mais peut-être tout simplement les méchants. L'injustice à l'intérieur de la société ferait surgir les armées extérieures. C'est une vieille idée des docteurs rabbiniques que le professeur Henri Baruk a assumée à sa façon en admirant l'expression biblique « Dieu des armées », celle-là même qui avait scandalisé Simone Weil (la philosophe). M. Baruk pense que « Dieu des armées » est une appellation sublime de Dieu ! En elle le Divin signifie que le mal social contient déjà en lui les incoercibles forces de la guerre.

Mais le feu ne commence à dévorer que les justes. Car il est dit de la « meule de blé » qu'elle « se trouve dévorée » ; il n'est pas dit : « Quand le feu dévore la meule. » La meule est « d'ores et déjà dévorée ». Le feu commence à cause des ronces ; il commence seulement, mais la meule de blé est *déjà* dévorée. Est-ce l'irrationalité de la guerre ? Le retournement de l'ordre par l'intervention de l'élémental et de l'incontrôlable ? Est-ce là le thème de prédilection du prophète Ezéchiel tel que les docteurs rabbiniques le lisent, et que nous retrouverons plus loin : les justes avant tous les autres sont responsables du mal. Ils le sont de ne pas avoir été assez justes pour faire rayonner leur justice et supprimer l'injustice : c'est le fiasco des meilleurs qui laisse le champ libre aux pires.

Mais ainsi il y aurait encore une raison jusque dans l'irrationalité de la guerre : la justice de l'histoire. Et ainsi peut-être s'agirait-il encore d'une conjoncture n'échappant pas entièrement à la volonté des êtres raisonnables. En accord avec le rationalisme politique de Robert Misrahi dont il ne faut jamais oublier les chances !

Mais on peut entendre la parobole des ronces et de la meule de blé autrement : les méchants provoquent la guerre. Certes. Ceux qui pourraient l'arrêter en auront été les premières victimes. Une rationalité se déroule encore dans l'intrigue guerrière, mais ne trouve plus de Raison capable de la dénouer. La raison de la guerre s'achèverait dans la déraison.

Autre lecture : ce sont les justes qui paient pour la méchanceté du Mal. Voilà encore une violence qui n'est pas chaotique : les justes sont encore distincts des méchants. Notre texte ne serait pas complètement pessimiste. La priorité du juste serait maintenue : la priorité du juste tiendrait à son exposition au sacrifice. Le Bien, c'est la non-résistance au Mal et le don de l'expiation.

A moins que, enfin, la *raison* de la guerre ne consiste dans le rigoureux *renversement* de la Raison. Selon le traité talmudique de *Berakhoth*, Moïse réserva à l'instant de sa suprême intimité avec Dieu la question qui a dû lui importer le plus. Ce fut : « Pourquoi les justes sont-ils tantôt prospères, tantôt non prospères, les injustes tantôt prospères, tantôt non prospères ? » Il n'a pas demandé : « Pourquoi les justes souffrent et les méchants prospèrent ? » L'ordre rigoureusement renversé serait certainement diabolique, mais il aurait encore attesté un monde *gouverné*. Moïse n'est effrayé que par un monde absolument contingent ! Selon la dernière lecture de la parabole des ronces et de la meule que nous avons proposée, il y aurait encore une direction dans la Création : un ordre. L'ordre, quel qu'il soit, rend à la Raison son champ.

Au-delà de toute raison ?

Nous allons faire maintenant un pas de plus. Nous entrons dans l'espace du désordre total, de l'Elément pur qui n'est plus au service d'aucune pensée. Au-delà de la guerre ! Ou peut-être dans l'abîme d'où toutes ces forces incontrôlables procèdent. Abîme qui s'ouvre à des époques exceptionnelles. A moins qu'il ne soit toujours entrouvert, comme une folie qui dort d'un œil au cœur de la raison.

> Rav Joseph enseignait : Il est écrit (Ex., 12, 22) : « Que pas un d'entre vous ne franchisse alors le seuil de sa demeure jusqu'au matin » ; dès que, à l'ange d'extermination, la liberté est donnée, il ne distingue plus entre justes et injustes ; mieux encore, il commence par les justes, car il est écrit (Ezéchiel, 21, 8) : « J'extirperai de toi justes et impies. » Alors Rav Joseph pleura : Et un tel verset par-dessus le marché ! Ceux-là (les justes) ne comptent pour rien !

A l'ange exterminateur liberté est donnée. Le mot « exterminateur », *hamashkhith*, est fortement expressif dans le texte. Mais, dans l'arbitraire de l'extermination ne conserve-t-on pas encore la priorité des justes — le thème d'Ezéchiel ? Semblant de raison !

Ecoutons les commentateurs. Marchaa dit : Il faut toujours que dans un discours un terme soit premier. Peut-on déduire de l'impossible simultanéité des termes un enseignement sur la priorité chronologique des événements qu'ils désignent ? Cette déduction serait justifiée ici. En effet, lorsque Abraham, priant pour Sodome, proteste contre la confusion des justes et des injustes, les justes sont aussi nommés les premiers, mais c'est la préposition *im,* signifiant « avec », qui est employée ; alors que, dans Ezéchiel 21, 8, nous trouvons la conjonction *v* signifiant « et ». Elle permettrait de conserver, dans l'arbitraire de l'extermination, la priorité tragique du juste. Cette possibilité est importante, car elle maintient la permanence du problème : l'ultime raison de la violence guerrière sombre-t-elle dans l'abîme de l'extermination d'au-delà de la guerre ? Ou la folie de l'extermination conserve-t-elle un grain de raison ? C'est la grande ambiguïté d'Auschwitz. C'est la question. Notre texte ne la résout pas. Il la souligne. Notre texte ne la résout pas, parce que la réponse ici serait inconvenante comme l'est probablement toute théodicée.

L'insignifiance du juste.

Rav Joseph pleura en pensant au verset d'Ezéchiel : « Et un tel verset par-dessus le marché ! Les justes ne comptent pour rien ! » Peut-être Rav Joseph se croit-il juste et pleure-t-il en se reconnaissant une condition peu enviable. Mais on peut repenser sa pensée et reverser ses larmes plus noblement. Les justes pouvaient encore espérer que leur mort sauverait le monde. Et voici qu'ils meurent les premiers et que les injustes périssent avec eux. La sainteté ne sert donc à rien. Elle est absolument inutile, absolument gratuite ; gratuite pour ceux qui en meurent, certes ; mais gratuite surtout pour le monde dont cette mort devrait expier la faute. Sacrifice inutile !

C'est alors qu'intervient Abayé.

> Abayé lui dit : C'est là une faveur pour eux, car il est dit (Isaïe, 57, 1) : « Les hommes de bien sont enlevés avant que le malheur n'éclate. »

Abayé console Rav Joseph : les saints et les justes, disparus les premiers, ne verront pas le malheur du monde. Consolation relative. Dernier écho de rationalité dans l'abîme entrouvert. Mais consolation à la mesure de la justice des justes et qui tient compte de l'injustice tapie au fond de leur justice ; qui tient compte de l'insuffisance de toute perfection personnelle de la justice privée. Justice punie, mais punie avec justice. Les textes d'Ezéchiel visent l'impossibilité de la justice privée ; de la justice des justes qui se sauvent eux-mêmes, qui pensent à eux-mêmes et à leur salut. L'existence des méchants à leur côté atteste en effet le défaut de leur justice. Ils sont responsables du mal qui subsiste. Pensée homélitique, mais l'homélie n'est pas de l'éloquence. Les saints, les moines et les intellectuels dans leur tour d'ivoire sont des justes punissables. C'est là les pharisiens, au sens non noble du terme, que le judaïsme est le premier à dénoncer. Les justes punissables, c'est peut-être aussi le peuple juif quand il s'enferme dans sa vie communautaire et se contente de sa synagogue ; comme l'Eglise satisfaite de l'ordre et de l'harmonie qui règnent dans son enceinte.

La consolation d'Abayé — les justes auront une récompense négative — arrêtera-t-elle les larmes de Rav Joseph si Rav Joseph souffre pour les autres ? Ne pas voir la souffrance du monde, ce n'est pas faire cesser cette souffrance. Abayé, qui accorde aux saints l'ignorance de la souffrance des autres, est peut-être aussi pessimiste que Rav Joseph qui pleure.

Nous sommes, dans cette punition des justes et dans

leur récompense, fort loin de l'anthropologie de l'Occident et de son insistance sur la persévérance dans l'être, sur le fameux *conatus* décrivant *l'essence* de l'homme. L'humanité, c'est le fait de souffrir pour l'autre et, jusque dans sa propre souffrance, souffrir de la souffrance que ma souffrance impose à l'autre. Antrophologie paradoxale qui anime le petit livre de Haïm de Volozine, *Nefèch Ha'haïm,* et où *l'humain* apparaît comme la rupture de l'*être* et de la *persévérance dans l'Etre* et ainsi seulement comme relation avec Dieu.

La nuit.

Le thème de l'extermination sans justice est suivi d'un texte qui ne semble s'y rattacher que par sa référence au même verset de l'Exode (12, 22). Mon effort de commentateur part cependant de l'hypothèse que le Talmud n'est pas une simple compilation. J'en suis d'ailleurs persuadé, malgré les apparences du contraire, et j'attribue toujours mes difficultés de retrouver cette cohérence et cette logique profonde des dires talmudiques à la pauvreté de mes moyens. Il ne faut peut-être jamais rien publier sous le titre de « pensée juive » tant que l'on n'a pas retrouvé cette logique.

> Rav Yehouda dit au nom de Rab : C'est une règle : il faut entrer dans une auberge en plein jour et se remettre en route en plein jour car il a été dit (Ex., 12, 22) : « Que pas un d'entre vous ne franchisse alors le seuil de la demeure jusqu'au matin. »

La suspension de la justice, l'heure de l'ange exterminateur, c'est la nuit. La séparation entre la lumière et la ténèbre est mentionnée dès le début de la Bible. Or, le terme hébraïque utilisé par Rav Yehouda parlant au nom de Rab, et que j'ai traduit par « en plein jour », est la formule *ki tov* de Genèse 1, 4, terme suivant immédiatement la création de la lumière et affirmant son excellence. Il ne faut ni quitter son chez-soi, ni chercher refuge, la nuit. Rav Yehouda dit : c'est la règle. Les rapports interhumains exigent la clarté du jour ; la nuit, c'est le danger même d'une justice suspendue entre les humains. Y aurait-il une distinction à faire entre les guerres du jour, qui se conforment à la philosophie politique de Robert Misrahi, et celles qui se prolongent et qui entrent dans la nuit, où la raison n'est plus maîtresse des forces déchaînées ? N'y aurait-il pas de guerres qui se prolongent et se terminent par l' « holocauste » où apparaît l'exterminateur et où la justice ne contrôle plus ? Curieusement, dans la Bible, les élus de l'Eternel se lèvent de bonne heure quand ils vont accomplir leur mission. « Et Abraham se leva de bon matin... » « Et Moïse se leva de bon matin. » Et Josué tint à arrêter le soleil pour achever sa guerre dans la clarté. Ceux-là allaient pourtant accomplir un commandement divin et ont pris la précaution de partir le matin. A plus forte raison, nous qui entrons en rapport avec autrui sans avoir de mission incontestable. Mais l'opinion de Rav Yehouda, qui n'ignore pas la confusion de la nuit, est donc réconfortante, en rappelant la frontière établie dès le premier jour de la création entre le Jour et la Nuit.

La nuit en plein jour.

Ce qui vient maintenant est plus angoissant. Il y a infiltration de la nuit dans le jour. On ne parle plus de feu, on parle d'épidémie. La lutte des médecins contre l'épidémie est moins claire que celle des pompiers contre le feu. L'élémental, l'incontrôlable est au-delà de la guerre encore visible : l'épidémie est partout, ses frontières ne sont pas circonscrites. Et que de contradictions qui rendent la situation sans issue dans le passage que voici !

> Il y a une *braïtha* : S'il y a une épidémie dans une ville, retiens tes pas pour y entrer, car il est dit : « Que pas un d'entre vous ne franchisse alors le seuil de la demeure jusqu'au matin » ; et puis il est dit (Isaïe, 26, 20) : « Va mon peuple, retire-toi dans tes demeures et ferme les portes derrière toi, jusqu'à ce que la bourrasque soit passée, cache-toi » ; et *puis* il est dit (Deut., 32, 25) : « Au-dehors, l'épée fera des victimes, au-dedans ce sera la terreur. »

Nous retrouvons d'abrd l'idée, déjà énoncée, de cet instant où l'exterminateur peut tout faire. Mais, ici, on ne se réfère plus uniquement au verset de l'Exode où la recommandation de ne pas sortir de chez soi est donnée à l'heure suprême de la libération d'Israël de sous le joug égyptien et où l' « au-delà de la guerre » n'est peut-être que la terreur des révolutions. Ici, on cite Isaïe 26, 20, où la bourrasque est pure menace : il faut rentrer chez soi. A condition qu'on ait un chez-soi. Vous allez voir apparaître tout le problème de l'Israël d'aujourd'hui, avec toutes les difficultés du retour. Il faut se retirer chez soi. « Rentre chez toi jusqu'à ce que la bourrasque soit passée. » Il n'y a d'autre salut que dans la rentrée en soi. Il faut avoir une intériorité où l'on puisse se réfugier, où l'on puisse ne plus participer au monde. Et même si « au-dedans » — dans le refuge ou dans l'intériorité —, c'est « la terreur », il vaut mieux avoir une patrie, une maison ou un

« for intérieur » avec terreur que d'être dehors. Si les Américains appellent cela « splendide isolement », ils ont de la chance. Cela peut être chez eux bien splendide, car c'est sans terreur au-dedans !
Contradictions que souligne le texte qui suit :

> Pourquoi cet *et puis* ? On aurait pu croire que tout cela s'applique à la nuit, mais pas au jour. Voici pourquoi il est dit : « Va mon peuple, retire-toi dans tes demeures et ferme les portes derrière toi. » Mais on aurait pu croire que tout cela ne vaut que si à l'intérieur de la maison (au-dedans) il n'y a pas de terreur et que, si au-dedans il y avait terreur, il aurait mieux valu se joindre à la société des gens. C'est pour cela que l'on dit : Au-dehors l'épée fera des victimes. Même si au-dedans c'est la terreur, dehors l'épée fera des victimes. Ravah bouchait à l'époque de l'épidémie les fenêtres (de sa maison), car il est dit (Jérémie, 9, 20) : « Car la mort est montée par nos fenêtres. »

Pourquoi cet « et puis » ? Pourquoi cette accumulation de versets ? C'est qu'il n'y a plus de différence entre le jour et la nuit, entre le dehors et le dedans. Ne sentons-nous pas ici, par-delà toute violence encore soumise à la volonté et à la raison, plus fortement que tout à l'heure, l'odeur des camps ? La violence, ce n'est plus par-delà la morale un phénomène politique de la guerre et de la paix. L'abîme d'Auschwitz ou le monde en guerre. Monde qui a perdu sa « mondanité même ». C'est le XXe siècle. Il faut rentrer à l'intérieur, même s'il y a terreur à l'intérieur. Le fait d'Israël, est-ce un fait unique ? N'a-t-il pas son plein sens parce qu'il s'applique à toute l'humanité ? Tous les hommes sont au bord de la situation de l'Etat d'Israël. L'Etat d'Israël est une catégorie.

Sans issue.

Lorsque au-dehors c'est l'épée, à l'intérieur c'est la terreur. Mais il faut rentrer à l'intérieur. « Ravah bouchait à l'époque de l'épidémie les fenêtres (de sa maison) car il est dit : "Car la mort est montée par nos fenêtres." » Il ne fermait pas seulement les portes, mais il fermait les fenêtres sur l'extérieur. Il voulait absolument oublier l'extérieur. Il bouchait les fenêtres parce que l'extérieur était intolérable. Cet intérieur où il y a la crainte est encore le seul refuge. C'est le sans-issue. C'est le sans-lieu, c'est le non-lieu.

Passage pour moi central de tout le texte que je commente : le sans-issue d'Israël est probablement le sans-issue humain. Tous les hommes sont d'Israël. Je dirai à ma manière : « Nous sommes tous des Juifs israéliens. » Nous, tous les hommes. Cette intériorité, c'est la souffrance d'Israël comme souffrance universelle.

Parler à l'ennemi.

Sans issue et sans entrée ! A la recommandation de préférer l'intériorité terrifiée à l'extériorité dangereuse s'oppose une autre solution du désespoir : fuite vers le danger de l'exil, fuite dans le « plein » ; il ne s'agit plus de feu, ni d'épidémie, mais de famine :

> Il existe une *braïtha* : Si la famine est dans la ville, disperse (élargis) tes pas, car il est dit (Gen., 12, 10) : « Il y eut une famine dans le pays. Abram descendit en Egypte pour y séjourner. »

DU SACRÉ AU SAINT

Les commentateurs, dans leur grande piété, font ici une distinction essentielle : à une famine absolue, exterminatrice, puisqu'elle poussa un Abram à quitter la Terre promise, ils opposent la sortie hors la Terre promise d'Elimelech (Ruth 1, 2) qui émigra lors d'une famine encore supportable. Comme s'il était allé chercher fortune en Amérique ! Emigration coupable qui est à l'origine de la destruction de la famille d'Elimelech (d'où la beauté de la conversion de Ruth — conversion ou retour —, retour de celle qui n'a jamais eu à partir, ni à revenir — retournement des choses ou possibilité du Messie).

> De plus, il est dit (Rois II, 7, 4) : « Si nous nous décidons à entrer dans la ville, la famine y règne et nous y mourrons. »

Le texte qui commence par ce « de plus » relate la fameuse histoire de la Samarie encerclée et affamée : des lépreux exclus de la cité se demandent s'ils ne doivent pas aller dans le camp ennemi, vers les Assyriens qui assiègent la ville, pour y trouver quelque pitance, alors qu'ils n'ont rien à attendre des citadins assiégés et livrés eux-mêmes à la famine. Que vient faire ici ce rappel de Samarie ? C'est précisément la question du texte :

> A quoi sert ce *de plus* ? On aurait pu croire, que cela (fuir la faim) n'est valable que quand, à l'endroit où l'on va, aucun danger ne menace la vie, mais que cela ne vaut pas pour le cas où l'émigration mène au danger ; c'est pourquoi il est dit : « Eh bien, allons nous jeter dans le camp des Assyriens : s'ils nous laissent en vie, nous vivrons. »

Vous n'ignorez pas que cela s'est arrangé sans les Assyriens. Quand les lépreux entrent dans leur camp, les

172

Assyriens n'y sont plus. Ils avaient déjà fui ! Les lépreux affamés se jettent d'abord sur ce qu'ils trouvent, et ils se disent aussitôt, tout lépreux qu'ils sont, qu'il n'est pas juste de ne pas annoncer la bonne nouvelle à la ville et d'exclure du butin les citadins, non lépreux, dans la ville affamée. Vous connaissez ce beau texte que je n'ai pas besoin de défendre. Ce qui importe ici, c'est la solution de la « fuite vers le danger » aux heures de l'extermination : aux heures de la menace extérieure et de la terreur intérieure. Aller même chez les Syriens ! Expérience séculaire d'Israël. A moins qu'il n'y ait là l'indication d'une issue vers les humains, une idée : fussent-ils ennemis, on peut davantage espérer des hommes que de cette chose *élémentale* — ou de ce Rien — que symbolise la famine. Position favorable à la thèse de Robert Misrahi ou même à ceux qui préconisent la paix à tout prix qu'on est seul à risquer ? Je ne sais. Les lépreux la réussirent parce que les Assyriens avaient déjà fui et qu'ils se trouvaient seuls dans le camp vide des ennemis.

L'extermination a déjà commencé.

Mais voici une conception absolument contraire à la rationalité qui serait plus forte que la violence exterminatrice :

> Il y a une *braïtha* : Si l'ange de la mort est dans la ville, il ne faut pas marcher dans la rue, car l'ange de la mort circule au milieu de la rue : bénéficiant de la liberté qui lui est laissée, il marche publiquement ; si la ville est en paix, il ne faut pas marcher sur les côtés de la rue, car, ne bénéficiant pas de liberté, l'ange de la mort avance en se cachant.

Voilà l'ubiquité et l'omnitemporalité de la violence exterminatrice : il n'y a pas de différence radicale entre la paix et la guerre, entre la guerre et l'holocauste. L'extermination a déjà commencé en période de paix. Même si l'ange de la mort n'est pas publiquement connu, n'est pas reconnu et nommé comme tel ! C'est la thèse même de ceux qui rattachent à l'holocauste la guerre et la misère. L'injustice sociale et toutes les formes de l'exploitation ne seraient que l'euphémisme du meurtre. Ceux qui, après tout, disent, comme le professeur Baruk, que Dieu est vraiment le Dieu des armées. Partout se dissimulent guerre et meurtre, les assassinats se cachent dans tous les petits coins, on tue en cachette. Il n'y aurait pas de différence radicale entre la paix et Auschwitz. Je crois qu'on ne va pas plus loin dans le pessimisme. Le mal dépasse la responsabilité humaine et ne laisse même pas de coin intact où la raison pourrait se recueillir.

A moins que cette thèse ne soit précisément un appel à une infinie responsabilité de l'homme, à un inlassable éveil, à une absolue insomnie.

La paix des synagogues.

Est-ce là le lien logique avec ce qui suit ? Pas d'évasion dans l'isolement ! Attention à la paix du culte privé ! Attention aux rêves dans une synagoge vide !

> Il y a une *braïtha :* Si l'épidémie est dans une ville, il ne faut pas aller isolé dans la maison de prières, car c'est là que l'ange de la mort garde son matériel ; mais cela n'est cependant vrai que dans le cas où les enfants d'école n'y lisent pas l'Ecriture et où il n'y a pas dix personnes pour y faire la prière.

Mais sentez aussi avec discernement ce qui vient dans le vent ! Suivez les mouvements des instincts !

> Il y a une *braïtha* : Si les chiens hurlent, c'est que l'ange de la mort est entré dans la ville ; si les chiens sont gais, Elie est entré en ville. Mais cela à condition qu'il n'y ait, parmi eux, aucune chienne !

Ne pas chercher refuge dans la paix factice des synagogues et des églises ! Nous en avons déjà parlé. Sauf si la vie n'en est pas absente, s'il y a des enfants qui apprennent l'Ecriture et si la prière y procède d'une collectivité. Pas d'apaisement dans la solitude. Je ne sais pas ce que penserait Clausewitz de la thèse d'après laquelle les armes sont entreposées dans les synagogues sans culte public et dans les lieux saints qui ne sont pas aussi école. Mais c'est là que naissent probablement les idéologies et les oppositions et toutes les pensées meurtrières. S'il y a des enfants qui lisent l'Ecriture, les engins meurtriers de la vie intérieure perdent leur force explosive.

Si les chiens hurlent, dit le dernier texte cité, c'est que l'ange de la mort est entré dans la ville ; si les chiens méchants sont gais c'est Elie — c'est-à-dire le précurseur du Messie ! Mais à condition qu'il n'y ait parmi eux aucune chienne !

Le premier rapport est affirmé inconditionnellement : les chiens hurlent — pressentiments instinctifs, irrationnels, les chiens sont les premiers à sentir que l'ange de la mort est là. Mais, lorsque la jeunesse exulte et lorsqu'il y a de l'optimisme sur les boulevards, cela ne prouve pas du tout l'approche du Messie. Ne pas confondre érotisme et messianisme ! Ces chiens contents de la présence d'une chienne signifient l'un des aspects trompeurs du salut par la jeunesse. Pour la jeunesse, animée par le pur élan vital, et qui n'est pas toujours élan pur, les temps messianiques sont toujours proches. Attention à la qualité de la joie ! Vous voyez que le Talmud est une fine et haute et gaie science.

Halakha et Aggada.

Reste la dernière partie. C'est un retournement dans le mode même du texte. L'*Aggada,* où nous nous trouvons depuis l'apologue des ronces et de la meule de blé, retourne — consciemment — en Halakha pour redevenir et se terminer en Aggada.

> Rav Assi et Rav Ami étaient assis devant Rabbi Yitzhak, le forgeron. L'un lui demanda de traiter de Halakha et l'autre de traiter d'Aggada. Quand il commençait une Halakha, le deuxième l'en empêchait ; quand il commençait une Aggada, le premier l'en empêchait.

Rabbi Yitzhak est forgeron. Il connaît le maniement pacifique du feu. Certainement, il n'est pas ici par hasard. Vous allez aussi voir qu'il y a un lien entre ce qui a été dit tout à l'heure de la jeunesse et la suite de notre texte :

> Alors il leur dit : Je vais vous conter une parabole. Cela se compare à un homme qui avait deux femmes, une jeune et une vieille ; la jeune lui arrachait les cheveux blancs, la vieille lui arrachait les cheveux noirs : au point qu'il en devint chauve des deux côtés.

Je sais que la calvitie n'est pas une dégradation, c'est seulement une dénudation du crâne. Quand le crâne est plein d'intelligence — ce qui lui arrive —, on oublie la calvitie, mais parfois on est défiguré par la calvitie.

Il y a Aggada et Halakha. Aggada et Halakha sont, dans ce texte, rapprochées de la jeunesse et de la vieillesse. Je les définissais tout à fait autrement en disant : la Halakha, c'est la manière de se conduire ; l'Aggada, la signification philosophique — religieuse et morale — de cette conduite. Il n'est pas sûr cependant que les définitions se contredisent. Il est évident que les jeunes estiment que la Halakha, ce sont des cheveux gris, pures formes : des formes qui ont perdu leur couleur. La femme jeune les arrache : les jeunes interprètent jusqu'à déraciner les racines des termes. La femme vieille, c'est le point de vue traditionnel : l'orthodoxie qui prend les textes à la lettre. Elle les conserve dans leur délabrement. Pour elle, il n'y a pas de texte à rajeunir ; le cheveu blanc tient encore. Il compte. Elle arrache au contraire les cheveux noirs, qui annoncent toute la vitalité et toute l'impatience et l'interprétation novatrices. Il s'agit de la division même de la communauté d'Israël, de son éclatement en jeunesse et en non-jeunesse. Partout il y a dès lors violence.

Cette division en jeunes et en vieux, cette séparation en révolutionnaires et traditionalistes, est condamnée. Contre le culte du traditionnel et contre le culte du moderne ! L'esprit y perd sa souveraineté. Les uns veulent renouveler jusqu'à retrouver une religion de danses et de spectacles ; et les autres, par respect des cheveux blancs, voient partout frivolité. Or l'esprit n'est pas bigame ! Ce qui est terrible, c'est cette bigamie de l'esprit que représentent les deux femmes, vieille et jeune ; la maturité comme conservatisme et la jeunesse comme recherche du nouveau à tout prix.

Rabbi Yitzhak le forgeron apporte une conclusion :

> Alors il leur dit : « Je vais vous dire une histoire qui vous plaira à tous les deux.

Autrement dit : je vais vous faire une Halakha qui est une Aggada, une Aggada qui est une Halakha.

> Si un feu éclate et saisit des ronces et avance par lui-même, alors celui qui mit le feu doit payer.

Mais voici la Halakha aussitôt transposée en Aggada ou, plus exactement, rapprochée d'une Aggada lue comme Halakha :

> Le Saint-béni-soit-Il dit : « J'ai allumé un feu à Sion comme il est dit (Lam., 4, 11) : « Il allume un incendie dans Sion qui en a dévoré jusqu'aux fondements » et je la rebâtirai un jour avec du feu, comme il est dit (Zacharie, 2, 9) : « Et moi je lui serai une muraille de feu tout autour et je serai un sujet de gloire au milieu d'elle. »

La leçon du rabbin-forgeron.

En dehors de l'amibiguïté Halakha-Aggada qui se loge dans toute Halakha et dans toute Aggada, que nous enseigne Rabbi Yitzhak — quelle est la leçon du rabbin-forgeron — qui s'y connaît en usage pacifique des forces destructrices — sur le dédommagement des dégâts causés par le feu ?

> ... Ainsi celui qui mit le feu doit payer. Le Saint-béni-soit-Il dit : « J'ai à payer pour le feu que j'avais allumé. » Une Halakha : On commence par un dédommagement auquel on est astreint à cause de ce qui vous appartient et on conclut par un dédommagement dû pour un dégât causé à la personne même, afin de t'enseigner que le dommage causé par le feu se compare au dommage causé par la flèche.

LES DOMMAGES CAUSÉS PAR LE FEU

Si les dégâts sont produits par des objets qui vous appartiennent, c'est à vous de réparer. C'est la loi. Mais le feu, loin d'atténuer cette responsabilité, l'aggrave : il est comparé à un dommage « causé par une flèche tirée ». C'est la désignation d'une catégorie spéciale. La flèche n'est pas seulement une chose qui vous appartient, comme une tuile du toit de votre maison qui blesse un passant. Elle suppose une visée destructrice, elle vise quelqu'un. Or, nous savons par ailleurs que celui qui tire la flèche doit un dédommagement pour la destruction des biens matériels. Certes. Mais il a encore quatre choses à payer : les soins donnés au blessé, le chômage où il est réduit, la souffrance physique qui lui fut causée, la douleur morale de la honte, ou de la diminution sociale qui résulte de son invalidité. La loi juive anticipe-t-elle sur les assurances sociales ? Elle connaît en tout cas le poids et la valeur de la personne d'autrui.

Curieuses identifications ! Le déclenchement des forces élémentaires et anonymes équivaut à l'intention visant un but précis, du tireur de flèches ! La créativité du feu restaurateur se réduit à sa fonction défensive ! Le forgeron, qui connaît l'usage pacifique des forces élémentales, étend la responsabilité, poussée à son extrême, au chaos de la guerre, et sans doute à l'holocauste national-socialiste. Robert Misrahi peut être content : c'est certainement l'idée qu'il met dans son idéal du *socialisme démocratique,* terme qui doit nous être cher au moins parce qu'il fut, sous Hitler, traité d'abstraction des intellectuels juifs dégénérés. A nouveau encouragés par le rabbin-forgeron, nous devons oser ce terme et le jeter comme un défi. Nous devons aussi dire : Oui, les criminels de guerre, cela existe ! Ces heures entre chien et loup où tout semble impunément possible, il faut les payer.

DU SACRÉ AU SAINT

C'est cela qu'enseigne le texte à notre mémoire faiblissante. Et j'aurais dû finir là-dessus si notre texte ne nous annonçait pas aussi — ce qui nous importe beaucoup à l'heure actuelle, et sans quoi les criminels de guerre n'auront jamais payé — que Sion sera rebâti.

Feu dévorant et muraille protectrice.

Rabbi Yitzhak déduit une Aggada d'un principe juridique attaché à l'image de la flèche tirée. Une Aggada promet la reconstruction de Jérusalem dans sa gloire, la reconstruction par les moyens mêmes qui furent employés à la détruire, précisément par le feu devenu protecteur. Mais où est la gloire de Sa présence parmi nous, sinon dans la transfiguration du feu dévorant et vengeur en muraille protectrice, en muraille de défense ?

table des matières

Avant-propos	7
Première leçon. Judaïsme et révolution	11
Deuxième leçon. Jeunesse d'Israël	54
Troisième leçon. Désacralisation et désensorcellement	82
Quatrième leçon. Et Dieu créa la femme	122
Cinquième leçon. Les dommages causés par le feu	149

« CRITIQUE »

Bernard Andrès, PROFILS DU PERSONNAGE CHEZ CLAUDE SIMON.
Georges Bataille, LA PART MAUDITE, précédé de LA NOTION DE DÉPENSE.
Jean-Marie Benoist, TYRANNIE DU LOGOS.
Jacques Bouveresse, LA PAROLE MALHEUREUSE. *De l'alchimie linguistique à la grammaire philosophique.* – WITTGENSTEIN : LA RIME ET LA RAISON. *Science, éthique et esthétique.* – LE MYTHE DE L'INTÉRIORITÉ. *Expérience, signification et langage privé chez Wittgenstein.* – LE PHILOSOPHE CHEZ LES AUTOPHAGES. – RATIONALITÉ ET CYNISME. – LA FORCE DE LA RÈGLE. – LE PAYS DES POSSIBLES. *Wittgenstein, les mathématiques et le monde réel.*
Michel Butor, RÉPERTOIRE I. – RÉPERTOIRE II. – RÉPERTOIRE III. – RÉPERTOIRE IV. – RÉPERTOIRE V et dernier.
Pierre Charpentrat, LE MIRAGE BAROQUE.
Pierre Clastres, LA SOCIÉTÉ CONTRE L'ETAT. *Recherches d'anthropologie politique.*
Hubert Damisch, RUPTURES/CULTURES.
Gilles Deleuze, LOGIQUE DU SENS. – L'IMAGE-MOUVEMENT. – L'IMAGE-TEMPS. – FOUCAULT. – LE PLI. *Leibniz et le Baroque.*
Gilles Deleuze, Félix Guattari, L'ANTI-ŒDIPE. – KAFKA. *Pour une littérature mineure.* – MILLE PLATEAUX. – QU'EST-CE QUE LA PHILOSOPHIE ?
Jacques Derrida, DE LA GRAMMATOLOGIE. – MARGES DE LA PHILOSOPHIE. – POSITIONS.
Jacques Derrida, Vincent Descombes, Garbis Kortian, Philippe Lacoue-Labarthe, Jean-François Lyotard, Jean-Luc Nancy, LA FACULTÉ DE JUGER.
Vincent Descombes, L'INCONSCIENT MALGRÉ LUI. – LE MÊME ET L'AUTRE. *Quarante-cinq ans de philosophie française (1933-1978).* – GRAMMAIRE D'OBJETS EN TOUS GENRES. – PROUST, *Philosophie du roman.* – PHILOSOPHIE PAR GROS TEMPS. – LA DENRÉE MENTALE.
Georges Didi-Huberman, LA PEINTURE INCARNÉE, *suivi de « Le chef-d'œuvre inconnu »* par Honoré de Balzac. – DEVANT L'IMAGE. *Question posée aux fins d'une histoire de l'art.* – CE QUE NOUS VOYONS, CE QUI NOUS REGARDE. DEVANT LE TEMPS. *Histoire de l'art et anachronisme des images.*
Jacques Donzelot, LA POLICE DES FAMILLES.
Thierry de Duve, NOMINALISME PICTURAL. *Marcel Duchamp, la peinture et la modernité.* – AU NOM DE L'ART. *Pour une archéologie de la modernité.*
Serge Fauchereau, LECTURE DE LA POÉSIE AMÉRICAINE.
André Green, UN ŒIL EN TROP. *Le complexe d'Œdipe dans la tragédie.* – NARCISSISME DE VIE, NARCISSISME DE MORT. – LE TRAVAIL DU NÉGATIF. – LE TEMPS ÉCLATÉ. – LA DIACHRONIE EN PSYCHANALYSE.
André Green, Jean-Luc Donnet, L'ENFANT DE ÇA. *Psychanalyse d'un entretien : la psychose blanche.* LE TRAVAIL DU NÉGATIF.
Nathalie Heinich, LA GLOIRE DE VAN GOGH. *Essai d'anthropologie de l'admiration.*

Denis Hollier, LES DÉPOSSÉDÉS (*Bataille, Caillois, Leiris, Malraux, Sartre*).
Luce Irigaray, SPECULUM. *De l'autre femme.* – CE SEXE QUI N'EN EST PAS UN. – AMANTE MARINE. *De Friedrich Nietzsche.* – L'OUBLI DE L'AIR. *Chez Martin Heidegger.* ETHIQUE DE LA DIFFÉRENCE SEXUELLE. – PARLER N'EST JAMAIS NEUTRE. – SEXES ET PARENTÉS.
Vincent Kaufmann, L'ÉQUIVOQUE ÉPISTOLAIRE.
Garbis Kortian, MÉTACRITIQUE.
Jacques Leenhardt, LECTURE POLITIQUE DU ROMAN « LA JALOUSIE » D'ALAIN ROBBE-GRILLET.
Pierre Legendre, JOUIR DU POUVOIR. *Traité de la bureaucratie patriote.*
Emmanuel Levinas, QUATRE LECTURES TALMUDIQUES. – DU SACRÉ AU SAINT. *Cinq nouvelles lectures talmudiques.* – L'AU-DELA DU VERSET. *Lectures et discours talmudiques.* – A L'HEURE DES NATIONS. – NOUVELLES LECTURES TALMUDIQUES.
Jean-François Lyotard, ÉCONOMIE LIBIDINALE. – LA CONDITION POSTMODERNE. *Rapport sur le savoir.* – LE DIFFÉREND.
Louis Marin, UTOPIQUES : JEUX D'ESPACES. – LE RÉCIT EST UN PIÈGE.
Francine Markovits, MARX DANS LE JARDIN D'ÉPICURE.
Agnès Minazzoli, LA PREMIÈRE OMBRE. *Réflexion sur le miroir et la pensée.*
Michèle Montrelay, L'OMBRE ET LE NOM. *Sur la féminité.*
Thomas Pavel, LE MIRAGE LINGUISTIQUE. *Essai sur la modernisation intellectuelle.*
Michel Picard, LA LECTURE COMME JEU. – LIRE LE TEMPS.
Michel Pierssens, LA TOUR DE BABIL. *La fiction du signe.*
Claude Reichler, LA DIABOLIE. *La séduction, la renardie, l'écriture.* – L'AGE LIBERTIN.
Alain Rey, LES SPECTRES DE LA BANDE. *Essai sur la B. D.*
Alain Robbe-Grillet, POUR UN NOUVEAU ROMAN.
Charles Rosen, SCHŒNBERG.
Clément Rosset, LE RÉEL. *Traité de l'idiotie.* – L'OBJET SINGULIER. – LA FORCE MAJEURE. – LE PHILOSOPHE ET LES SORTILÈGES.– LE PRINCIPE DE CRUAUTÉ. – PRINCIPES DE SAGESSE ET DE FOLIE.
François Roustang, UN DESTIN SI FUNESTE. – ... ELLE NE LE LACHE PLUS. – LE BAL MASQUÉ DE GIACOMO CASANOVA. – INFLUENCE. – QU'EST-CE QUE L'HYPNOSE ?
Michel Serres, HERMES I. : LA COMMUNICATION. – HERMES II : L'INTERFÉRENCE. HERMES III : LA TRADUCTION. – HERMES IV : LA DISTRIBUTION. – HERMES V : LE PASSAGE DU NORD-OUEST. – JOUVENCES. *Sur Jules Verne.* – LA NAISSANCE DE LA PHYSIQUE DANS LE TEXTE DE LUCRÈCE. *Fleuves et turbulences.*
Michel Thévoz, L'ACADÉMISME ET SES FANTASMES. – DÉTOURNEMENT D'ÉCRITURE.
Jean-Louis Tristani, LE STADE DU RESPIR.
Gianni Vattimo, LES AVENTURES DE LA DIFFÉRENCE.
Paul Zumthor, PARLER DU MOYEN AGE.

CET OUVRAGE A ÉTÉ ACHEVÉ D'IMPRIMER LE
SEPT JUILLET DEUX MILLE TROIS DANS LES
ATELIERS DE NORMANDIE ROTO IMPRESSION S.A.S.
À LONRAI (61250) (FRANCE)
N° D'ÉDITEUR : 3886
N° D'IMPRIMEUR : 031601

Dépôt légal : juillet 2003